王量量 著

新乡村主义

厦门大学乡村振兴
创新实践探索

中国建筑工业出版社

图书在版编目（CIP）数据

新乡村主义：厦门大学乡村振兴创新实践探索 / 王量量著 . —北京：中国建筑工业出版社，2022.12
ISBN 978-7-112-28215-9

Ⅰ.①新… Ⅱ.①王… Ⅲ.①厦门大学—作用—农村—社会主义建设—研究—福建 Ⅳ.① F327.57

中国版本图书馆 CIP 数据核字（2022）第 227057 号

责任编辑：姚丹宁
责任校对：张辰双

新乡村主义
厦门大学乡村振兴创新实践探索
王量量　著

*
中国建筑工业出版社出版、发行（北京海淀三里河路9号）
各地新华书店、建筑书店经销
北京雅盈中佳图文设计公司制版
临西县阅读时光印刷有限公司印刷
*
开本：787 毫米 × 1092 毫米　1/16　印张：$12\frac{1}{2}$　字数：186 千字
2023 年 3 月第一版　2023 年 3 月第一次印刷
定价：135.00 元
ISBN 978-7-112-28215-9
（40199）

版权所有　翻印必究
如有印装质量问题，可寄本社图书出版中心退换
（邮政编码 100037）

前言

城市与乡村是人类社会组织的两种形态，两者就像一个双生系统中的相生相克的两个元素，既互补共生，又存在一定的竞争关系。改革开放以来，我国开始了快速的城市化发展进程，城市化发展使我国的人口结构、人口分布和生产生活方式都产生了巨大的变化。特别是进入21世纪以来，中国城市化进入快车道，国家改革倾向于发展城市，提高城市化率，大批农民工进入城市。一方面，双生系统的平衡被打破，城市虽然获得了更多资源和建设，取得了举世瞩目的成绩，但也在快速城市化过程中逐渐失去了原有的文化特征，千城一面的现象随处可见；另一方面，由于人口和资源的流出，导致了中国乡村普遍面临空心化的困境，乡村文化濒临瓦解，村落原有的生态、生活、生产方式和社会关系也渐渐消亡。而原住民的流失和乡村社会关系的断裂瓦解最终将导致乡村失去维持自身运转的动力。

我国自古以来就是农业大国，新中国成立以来，我国始终将农业、农村、农民问题视为关系国计民生的根本性问题，把解决好"三农"问题作为全党工作的重中之重。2017年党的十九大胜利召开，标志着中国特色社会主义进入新时代，在党的十九大报告中首次提出了实施乡村振兴的新战略，并将其作为决胜全面建成小康社会、全面建设社会主义现代化强国的战略之一。实施乡村振兴战略，推进农业农村现代化，开启了中国农村改革与发展的新时代。

本书希望总结本人近几年的教学与科研成果，结合实际案例阐述乡村规划的方法与路径。第一章以福建省厦门市海沧区青礁村院前社为例，总结了"新乡村主义"的主要观点及依据该理论的规划设计方法；第二章以福建省泉州市晋江檀林古村为例，从建筑学的角度探讨了基于"生态博物馆理论"的整村活化策略；第三章借鉴了"核心边界"理论的概念，以福建省厦门市近郊的欧厝村为例，探讨末代渔村如何存续的问题；第四章是以福建省漳州市漳浦县钟腾村为例，以"激发内生力"为主题探讨了偏远山村的乡村振兴路径；第五章以广东省江门市鹤山市古劳水乡多个乡村为案例，着重探讨了基于"社会网络理论"乡村规划方法；第六章则以广东省东莞市生态园乡村连片规划设计为例，探讨了如何形成"内外合力机制"打破村与村之间的隔阂建立无界之乡；第七章以"流空间"和"互联网+"为概念，浅谈了福建省漳州市漳浦县东厝村的农业产业提升策划；第八章以福建省泉州市晋江福林村为例，以若干个实际建成的案例讨论了基于"微景观"策略的人居环境提升策略；第九章以广西壮族自治区柳州市程阳八寨实践为例，探讨了数字技术对于传统村落保护的重要作用和"数字博物馆"的构建过程。

  本书选择的九个案例多数是作者作为主要指导老师所指导的竞赛获奖作品，也包含了若干实践工程和科研项目。本书将研究过程中的思考与相关理论结合，试图从规划、建筑、社会、产业、景观、技术等多个角度构建"新乡村主义"的基本框架，希望为城乡规划、建筑学等专业的师生和广大乡村工作者提供借鉴。

目录

前　言

第一章	新乡村主义	001
第二章	乡村生态博物馆	021
第三章	乡村的核心与边界	045
第四章	乡村内生力	063
第五章	乡村社会网络	081
第六章	乡村内力与外力	101
第七章	乡村智慧农业平台	123
第八章	乡村微景观提升	149
第九章	乡村数字博物馆	167
第十章	结论	183

参考文献　　187

致　谢　　193

第一章
新乡村主义

本章是作者第一次深度参与关于乡村的研究，那时候刚刚留学归国恰逢学院组织队伍参加 2015 年"TEAM20 两岸建筑与规划新人奖"竞赛，在和指导老师和学生们调研选题的过程中接触到了厦门市近郊的青礁村院前社，当时这个正要被拆迁的村庄让我意识到乡村发展的复杂性。调研过程中与乡贤、返乡青年和村民的多次沟通与讨论，我们发现乡村与城市在各个层面都存在较大的差异，必须为乡村找到适合自身的发展路径，不能照搬照抄城市的模式。借鉴 20 世纪 90 年代美国一批学者针对郊区无序蔓延带来的城市问题而创建的"新城市主义"思想和设计手法，作者萌生了为中国新时代的乡村发展设计一条能够保留乡村特质的路径，并且命名为"新乡村主义"。

一 关于新乡村主义

李小云[1]教授认为乡村主义从概念上讲是指基于乡村立场、乡村利益和乡村价值，强调通过乡村路径解决乡村问题的意识形态；乡村主义是以乡村为中心的一套意识形态和相应的社会实践体系，其宣扬乡村的社会文化价值、经济价值，与普遍崇尚城市主义和工业主义的意识形态相对应；她把中国的乡村主义划分为古代朴素的乡村主义、近代的乡村主义和当代的新乡村主义三个部分。在新的社会经济条件下，基于乡村立场和价值驱动的乡村建设的实践，都可以被称为新乡村主义思潮。[2]

周武忠[3]教授 1994 年在江阴市的乡村景观改造中提出"新乡村主义"这一概念，作为介于城市和乡村之间体现区域经济发展和基础设施城市化、环境景观乡村化的规划理念。周武忠提出"新乡村主义就是一种通过建设'三生和谐'的社会主义新农村来实现构建社会主义和谐社会的新理念，即在生产、生活、生态相和谐的基础上和尽量保持农村'乡村性'的前提下，通过'三生和谐'的发展模式来推进社会主义新农村建设，建设真正意义上的社会主义新农村，实现构建社会主义和谐社会的目标。"邵秋晨[4]的研究中将新乡村主义下村庄的发展分为七个主要模式，包括产业发展型发展模式、生态保护型发展模式、资源整合型发展模式、高效农业型发展模式、休闲旅游型发展模式、文化传承型发展模式和城郊集约型发展模式。

二 新乡村主义与新城市主义

"新城市主义"兴起于20世纪90年代，是美国为促进邻里和地区健康发展、提高生活质量的运动，当前逐渐成为主流规划理念。[5]由于第二次世界大战的影响，城市向郊区无序蔓延，加上不合时宜的政策与规划设计思维，导致了一系列困扰城市的社会问题。[6]在新城市主义理论中，诸如城市效率低下、内城衰退、社会生活质量退化、日益严重的社会两极分化、贫富隔离与种族藩篱、环境恶化、农田与原野的消失、建筑遗产损毁等问题，都有内在相关性，可以理解为物质环境的变革与实际社会的发展状况密切相关。因此，良好的物质环境是社会经济环境稳定发展的基础。

王慧认为，为了消除城市向郊区无序蔓延所造成的不良影响，新城市主义明确了四项基本任务：第一，针对城市，修复市镇中心来强化其核心作用；第二，针对郊区，以多样化邻里社区为目标将其整合重构；第三，针对自然，进行大规模大范围的生态保护；第四，针对建筑遗产，强调保护珍存遗产现状，传承发扬建筑文化。[6]这体现出新城市主义的划设计主张：首先，坚持区域整体观，由于城市、郊区的区别与联系，新城市主义跳出城市本体，强调从区域整体的高度解决问题；其次，坚持以人为本，强调通过物质环境的宜人宜居，来支持人类社会系统的稳步发展；最后，尊重历史与自然，强调规划设计应考虑与自然人文、历史环境等因素的影响，打造区域整体多样和谐的关系。[7]

吴缚龙通过对新城市主义的重新审视，指出我国的城市化不仅是人口由农村向城市转化的过程，也是城市逐渐趋向社会主导地位的过程，体现了乡村性向城市性的转变过程。[8]冒亚龙认为中国城市开发区存在边缘城市主义倾向，应借鉴新城市主义理论指导城市建设，解决城市发展遇到的诸多问题。[9]奚汀通过分析国内相关文献，提出应加强国内外案例追踪分析，加强对国情的深入分析，加强实践应用，为引进并借鉴新城市主义理论打好基础。[10]

对比新乡村主义和新城市主义，二者都是为了应对城市化和现代化发展所伴生的社会问题而产生的发展规划理念，但面对的问题有明显差异。甚至可以说，城市与乡村正在向两个极端发展，尤其表现在人口方面。由于乡村人口大量涌向城市，很多村落仅留下高龄的老人和留守儿童，不仅导致了老年人的赡养问题，缺少青年劳动力的困境更使传统产业和经济运作方式停摆，对我国农业的可持续发展也有着巨大隐患。反观在城市当中，大量人口汇入城市也是一把双刃剑。人口增长为城市注入活力，城市亦需要不断地扩张来满足大量人口的居住需求，扩张过程又极易形成松散的城市结构，出现基础生活设施的缺失、不合理的交通规划、社会人口的不均匀分布等问题。

尽管如此，它们仍存在许多共通之处。首先，它们都强调人与自然和谐共生的关系，也强调尊重区域的文化与历史价值。其次，它们都注重城乡之间的联系发展，比如新乡村主义虽然以乡村为本位，但它仍然强调城乡共生的关系。可以说，乡村与城市是一个接续的共生体，单一地对乡村或对城市进行规划发展，难以解决二者之间的矛盾。其中，乡村旅游是新乡村主义的一个重要方向。乡村旅游发源于农业，根植于乡村，传承乡村的风土、风物、风俗和风景，吸引来自城市的游客深入乡村，缓解城市与乡村的人口变迁，搭建起城乡之间的桥梁，可以更好地发展新农村。下文将以《福建省厦门市青礁村院前社概念规划》为案例具体讨论新乡村主义的应用模式。

三 福建省厦门市青礁村院前社概念规划

为了验证新乡村主义的发展模式，本文选取了福建省厦门市青礁村院前社的概念规划来做实证分析，此概念规划由作者和另外两位老师共同指导厦门大学规划系学生完成，该作品获得了由两岸城乡统筹规划暨产业联合会、台湾都市计划学会、台湾桦晟集团城乡事业部、台湾皇延创新股份有限公司等单位共同举办的2015年"TEAM20两岸建筑与规划新人奖"大赛城乡规划组一等奖（名次：第二名）以及大赛城乡规划组特别奖"永续环境特别奖（首奖）"，图1-1为获奖团队和主办方合影。获奖学生自愿将一部分奖金赠予了竞赛作品中的乡村案例——厦门青礁村院前社，作为院前社青年发展基金，为乡村建设贡献了自己的绵薄之力（图1-2）。

作品名称：《新乡村主义——厦门市青礁村院前社发展规划》
指导老师：王量量、韩洁、王慧
参赛学生：叶紫薇、刘璐、武海娟、张云逸

图1-1　厦门大学代表队获得优异成绩

图1-2　学生将一部分奖金赠予了院前社

1　院前社区位及用地分析

随着城市的扩张，二元结构中的乡村的生存空间逐渐被城市所挤压，许多传统村落逐渐成为依存于城市系统的城郊村，随着城市的进一步扩张，许多城郊村慢慢变成了城中村，最后城中村慢慢消失，与城市融为一体，二元结构变为一元结构。这个过程成是近几十年城乡发展的缩影，

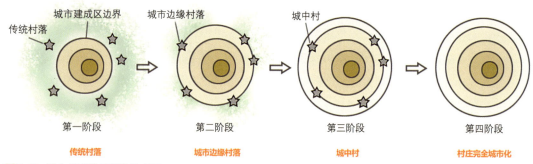

图1-3　城乡关系发展演进示意图

如图1-3所示。因此，保护好传统村落、城郊村甚至是城中村，保留二元结构是新乡村主义的主旨。

如图1-4所示，青礁村院前社位于厦门市海沧区西南部，与漳州市角美接壤，是厦门西部的重要"门户"。西北侧为慈济东宫和蔡尖尾山，东侧为龟山和建设中的临港新城。院前社历史可追溯到宋代，早期颜氏家族始祖颜慥，率族定居青礁村，颜慥后裔颜师鲁于家乡兴建青礁慈济宫，纪念同邑名医吴真人。明代"开台王"颜思齐在院前诞生，他对台湾历史颇具影响。这一时期台湾颜氏及青礁颜氏宗亲一派繁荣，往来密切。民国时期留洋归来的青礁村院前人回到家乡新建独具风格的闽南大厝。近代，随着我国城市化进程加速，青礁村院前社的年轻人都离村到城市中寻求更好的发展机会，院前社一度成为人

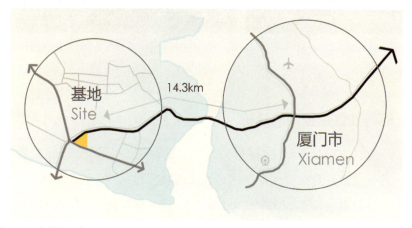

图1-4　院前社区位图

口流失的空心村。青礁村院前社被列入"拆迁村"行列，为避免百年古村被拆，村中的 15 位年轻人返乡创业并成立青年合作社，开发城市菜地等活动，不仅使得村民收入大增，也使本不是共同缔造试点的院前社成了闻名的"共同缔造典范社"。2014 年，院前社正式成为"美丽厦门共同缔造"的试点示范村落。目前，村中土地有一半作为住宅用地，约 11.63 公顷，生产设施和仓储用地 5.22 公顷，占比约为 20%，农林用地 3.63 公顷，占比 15%，水域面积 0.32 公顷，公共设施用地 0.23 公顷，占比约为 0.95%。

2　院前社建筑现状分析

将村庄内建筑按建造年代可划分为以下四大类：20 世纪 50 年代之前建造的，50—80 年代的，90 年代的以及 2000 年后建造的建筑（图 1-5 左）。村庄内建筑以 2000 年后建造的建筑为主，大多为砖混结构，建筑外墙大都贴有瓷砖。村庄内 20 世纪 50 年代之前建造的建筑多为具有闽南特色的红砖古厝，集中分布于村内中心部位的水塘的西侧及南侧。村庄内包括区级文保单位——院前颜厝在内的闽南特色建筑共有 32 栋，除了具有红砖赤瓦、燕尾山墙、镶嵌有精美的木石雕刻装饰等传统特点外，部分还融合了一些西洋建筑风格和材料，具有良好的历史价值和人文价值，其重要的历史建筑如下文所示（图 1-5 右）。

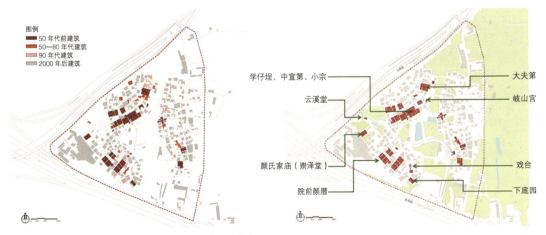

图 1-5　院前社建筑建设年代（左）和特色建筑（右）

大夫第：古时文职官员的私宅，现为村庄观音庙。

岐山宫：供奉的是舍仁公，每年的农历九月十五有纪念活动。

学仔埕：原先大户人家为子女设置的私塾。

中宣第：保存较好的大型古厝。

小宗：新加坡华侨颜应麟所有。

云溪堂：供奉的是吕仙公，当地人为感念吕洞宾而建。

崇泽堂：又称颜氏家庙，始祖颜慥阐明道学，教授生徒的旧址。

院前颜厝：颜民淳及其长子在新加坡做生意发达后返乡所建。

3　村落自然景观环境分析

如图 1-6 所示，院前社北靠慈济东宫山体，山体东西原来各有一南北向水系顺流而下，交汇于院前社内中心水塘。由于马青路的建设，东宫水库的水系已被隔断。在近十年的演变中，村庄内部自然景观的变化主要体现在位于村庄中部的池塘水体面积的逐年缩小。院前社农田景观丰富，大部分农田村民自己种植，部分农田开垦为城市菜地。目前，院前的农田生态系统是不完善的，生物群落单一，不是一种持续性的农田发展模式。

图 1-6　水系生态结构（左）及农田生态系统（右）

4 村落传统产业和社会网络

在农业方面，院前社具有千百年的农耕历史，早先便是厦门重要的蔬菜产地。时至今日，院前社依然有自给自足的农作蔬菜，亦会供销至沙坡尾菜市场和厦门大学。据调研，村中菜农有 49 户，年龄多在 40 岁以上，另有 3 户负责蔬菜销售。除了蔬菜农作以外，村中还有凤梨酥和手工面线的制作产业。

院前社的常住人口中，91% 的人为颜氏宗亲，6% 为非颜氏的村民，3% 为外来打工者。2005 年马青路的修建征收了第二大队的土地，使得第二大队的农民成为失地农民，他们只能依靠出租房屋和外出打工来维持生计；而第一大队的农用地并未被征用。2014 年，城市菜地的模式使得院前社农民的收入翻倍，拥有土地的第一大队农民建设积极性高，而第二大队的失地农民建设积极性较差。第一大队和第二大队的社会交往开始有了模糊的界限，两个大队开始出现矛盾，邻里关系开始变淡，这将不利于村庄的长久发展。根据亲缘关系和所属建筑空间的对应，可以发现：1.院前社的社会网络格局与乡土中国传统社会网络结构一致，呈现差序格局的形态；2.院前社的建筑空间布局呈现出中国传统乡村的空间形态分布和生长脉络；3.体现出生产大队划分与农田分布的历史印记。

20 世纪 50 年代前，乡村基本上是以宗亲血缘为基础的社会结构，人们彼此守望相助。20 世纪 50-80 年代，生产大队组成了乡村社会的主要结构单元，但是宗亲血缘和婚姻构成的亲缘关系依然占有很大比重。[11] 改革开放以后，随着城市化进程的加快，城郊乡村的失地农民渐渐迁入城市，乡村出现空心化的现象，乡村原有的亲缘凝聚力出现衰弱的现象。[12] 2010 年之后，乡村的发展备受关注，多方领域开始寻求乡村的发展模式，乡村的社会结构呈现多元化的状态。

5 院前社乡村特质提取和发展愿景

通过对院前社现状的整理和对特质的解读，总结边缘区乡村的特质包括以下四方面：

1）传统的生活方式

院前社具有传统的生活方式，社会生活围绕着农业生产的过程周而复始，还有很多传统特色活动，如 7 月 18 日火把节，村民点燃火把，绕村游行，庆祝丰收。同时，一年三次的祭祖活动也是乡村的重要记忆，所有颜氏村民共同参加，仪式较为隆重，在崇泽堂先祖神龛面前摆起美酒佳肴，进行拜祭。家庭是院前社生活格局的基本单位，个体差异小，同质性强，人际之间感情色彩浓厚。民族传统在村民生活中扮演重要角色，有不同特色的节日庆典、婚葬习俗和礼仪风尚。

2）自然的环境景观

院前社作为传统乡村，具有自然的环境景观，大面积土地被农田和水系覆盖，人工构筑物较少，建筑密度低，具有可恢复的自然生态系统。

3）自给自足的生产方式

村民自组织，基本上按照祖先留下的"规矩"生产，多从事农业等，劳动生活具有明显的季节性。乡村扎根于土地，农业是乡村居民的生活来源，院前社也具有自给自足的农业产业经济。

4）差序格局的社会网络

乡村是自组织发展的人群聚落，院前社以颜氏宗亲血缘性为纽带的社会网络虽然遭到一定破坏，但依然保留了较高的凝聚力和排外性。村民血脉相承，关系融洽，邻里交往密切。建立在传统的和自然的感情纽带基础上，人们守望相助，家庭、邻里、亲属等首属关系在人们的生活中发挥着重要作用，人们具有共同的是非观，道德观念比较一致，对内真诚友善。[13]

为了保护乡村特质，使乡村更好地融入城市化的浪潮中，本文探索"新乡村主义"的发展模式来规划院前社。针对乡村的特点，提出以下四点规划愿景（图 1-7）：

- 传统存续的生活方式——以传统文化为底蕴的健康永续的生活方式。延续传统，保护文脉网。
- 永续农耕的生态系统——以农耕生态系统为核心的乡村永续环境设计。治理环境，优化生态网。

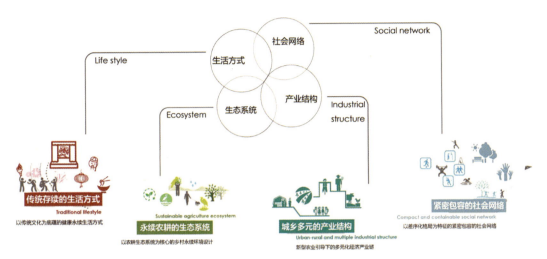

图 1-7 院前社发展愿景

- 城乡多元的产业结构——新型农业引导下的多元文化经济产业链。重组经济，更新产业链。
- 紧密包容的社会网络——以差序格局为特征的紧密包容的社会网络。梳理乡缘，弥合城乡网。

6 "新乡村主义"——乡村发展模式规划推导

1）传统生活路径的整合策略

如图 1-8 所示，为保护乡村特色传统活动，规划对传统活动路径进行了保护，优化火把节的路线，对传统活动场所进行更新。根据调研得到导向性及聚集度较高的空间节点，根据历史建筑和公共建筑叠加，形成九个重要的传统活动空间节点，利用空间句法分析其可达性，由此我们发现部分空间节点可达性不足，为增加其可达性，对路网进行调整和优化，并再次利用空间句法进行校订。保护传统建筑，增设颜氏宗亲纪念祠及农耕文化博物馆，并增加托幼及卫生站，保证村庄的生活质量。

提取出村落中的历史建筑节点与公共建筑节点，可以将公共空间节点分为传统公共节点和新生活力公共节点，通过对地图的分析和对村民访谈的口述历史可以确认四处传统公共空间节点，通过对现场的调研和分析可以确认五处新生活力公共空间节点。

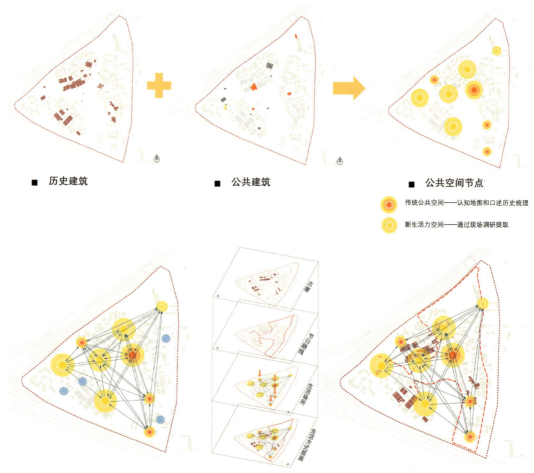

图 1-8 传统路径与空间节点的叠合

在空间节点关系图中,辐射区域较大的节点,代表使用密度较高、人流量较大的空间节点,蓝色的节点代表该地段平日人流量较少,空间活力低。图中箭头则表示节点之间的关联程度,有着单向连接关系或双向连接关系。通过对乡村路径和公共空间的梳理与架构,为传统生活方式的存续创造了良好的物质环境基础。

2)村落生态系统优化策略

为了恢复以农田为主的特色村庄传统生态网络系统,我们对其现存农田进行整合与修复,并且利用暗渠及地下涵洞等技术对水系循环系统进行修复。同时,在现存绿地的基础上,增加绿地景观及屋顶绿化,构建和恢复原有生态系统(图 1-9)。

第一章 新乡村主义

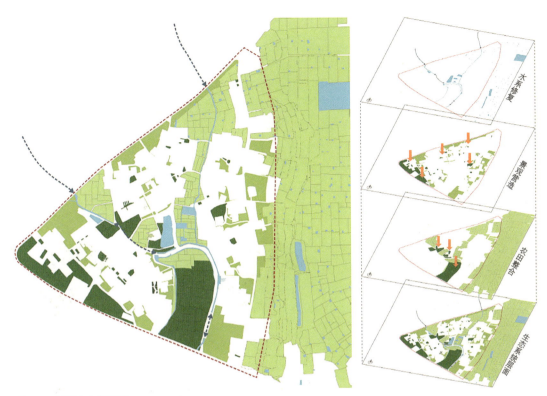

图 1-9 新型生态规划图

3）村落产业结构优化策略

如图 1-10 所示，为适应城市化经济模式对村庄单一经济产业模式带来的冲击，规划对第一产业进行了更新和调整：增加城市菜地面积，增加生态旅游，湿地农业，科研药田，教育用田，有机农田，同时加入农业景观，并且引入垂直农业技术，如墙面种植、屋顶种植和无土栽培，为部分失地农民提供新的谋生渠道；同时，规划完善第二产业，利用原有第一产业优势，提供第一产业配套加工，同时增加无土栽培产品加工中心，药物科研中心等；增加第三产业，配套旅游服务设施，设立农贸交易市场，电商培训平台，仓储物流站点等，重组经济模式，更新完善产业链。

4）村落社会网络弥合策略

如图 1-11 所示，为了在城市化发展过程中让村庄与城市社会网络相融合，我们保护和尊重原有社会网络，保存村庄社会网络凝聚力，增

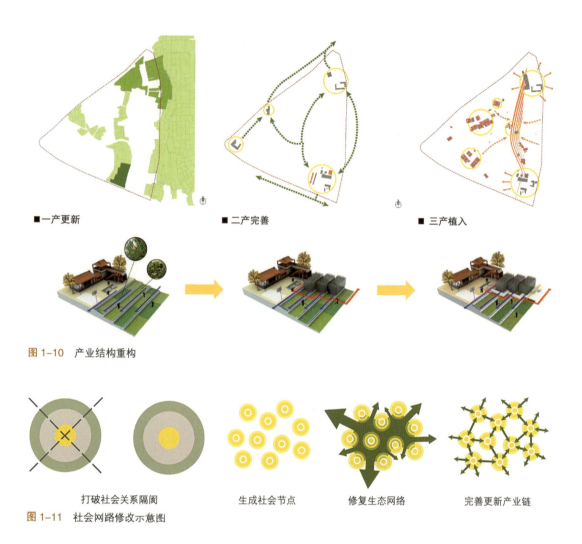

图 1-10 产业结构重构

图 1-11 社会网路修改示意图

加乡村社会网络接纳性和包容性,将公共空间与宗祠空间相结合,促进本地居民与外来人群融合,向多元化社会网络发展和迈进。使本地人、外来人群及旅游者能够相互融合,互相接纳,互相尊重,共同发展。

7 总体规划

根据以上策略,我们导出了总体规划方案,以农业基于以上策略,我们得出院前社的规划总平面图,首先,以农业为核心,串联九个生活空间节点,然后利用传统古厝,改造并增设老年活动中心,并结合广场、景观农田与滨水环境,使社会网络交集最大化,满足各类人群

第一章 新乡村主义

图 1-12 院前社规划结构图

活动需求。围绕"颜氏家庙"建设亲水型历史文化节点，承载颜氏家族的历史变迁，满足日常活动、祭祀与游憩等功能需求，作为传统"火把节"游行起点保护和强调。其次，建设以传统戏台为中心的潮汐活力空间，早晨为农贸交易集市，白天可作为公共广场，晚上作为戏台，提供民俗戏曲表演。然后提取田埂肌理，穿插绿地与构筑，形成有序亦错落的景观空间。最后，作为此为火把节游行终点保护和传承。通过各个层面的叠加，形成用路径和产业链串联的9个社会空间节点，使整个村庄可以成为一个有机的整体，规划结构如图1-12所示，总平面如图1-13所示。

1）道路交通网络分析

村内车行道路分主次组织，在保证不打破原有宁静氛围前提下，亦充分保证其应有的可达性；多个入口设置公共停车场与电瓶车停车场，

图 1-13 院前社规划总平面图

外来车辆停泊于停车场,并换乘村内电瓶车进入;村内街巷保持原有尺度、比例与步行方式。特别设置火把节专用路线,为传统文化与节日的传承提供物质基础。根据人群活动路径与空间网络节点分析,增设主要步行路径,形成连续可达的步行体系,增加主要节点的空间可达性,创造更多活动交流空间。利用空间句法分析,通过对道路交通规划、步行体系的构建,对空间节点可达性和人群集聚度进行修复与改善。强化中心节点可达性与吸引力,改善其他空间节点的人群聚集能力(图 1-14)。

2)传统建筑保护分析

如图 1-15 所示,在保护传统建筑方面,首先划定核心保护范围,

第一章 新乡村主义

图 1-14 道路优化与空间句法分析图

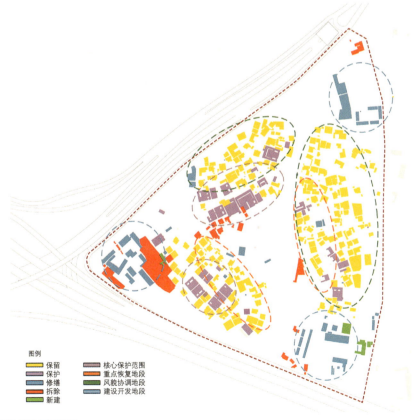

图 1-15 建筑保护与更新图

保护格局完整、风貌完整的历史建筑，并对部分毁坏、破损的古建筑及时进行修缮，严格控制新建建筑，不得随便对传统建筑进行改建与加建。其次划定重点恢复地段，保留质量较好的近现代建筑，对立面进行改造恢复，以取得风貌的统一。整治建筑周边的场地和环境，增加绿化。然后划定风貌协调地段，拆除质量较差，对环境、风貌有影响的建筑，新建建筑风格同保护建筑相协调，以传承传统风貌。最后划定建设开发地段，完善道路、市政配套设施建设。

3）功能活化分析

规划后建筑功能主要为：居住、商业、文化活动、加工制造等，并配以教育、医疗等其他公共服务设施。保持院前社主要居住建筑功能不变，重点保护强化现有古厝、宗祠，保留村社原有的节庆、文化活动场所、路径；另赋予展示、体验功能，为外来人群提供生活文化体验的空间；设置活动中心、老年社，为村民提供交往、活动场所。修缮改造部分厂房、棚户建筑，设置制造与研发工厂，发展食品、果蔬加工与种植研究等。规划开放空间主要结合古厝营造广场空间、绿地公园及滨水空间，通过点、线、面的多元形态交汇，构成开放空间体系。广场活动交流空间均匀地分布在村落中，并且形成路径穿插在农作耕地和绿化景观之间，增强村中各个公共节点的连接，优化原本割裂的村落节点，旨在为村民创造休憩交流空间的同时，提升村落的整体活力。

4）生态系统分析

在生态系统方面，开发多元化的农作模式，改善原本单一的农业耕作状态，增加当地农业的韧性和可持续性，亦可将农业与生态旅游相结合，为当地增添活力。除了开发新型农业，还可以增加墙面种植、屋顶种植、无土栽培等垂直农业，增大可利用农作面积（图1-16）。

5）产业结构分析

如图1-17所示，规划后形成以第一产业为主体的产业结构，配合以加工和科研为主的第二产业和以旅游电商为主的第三产业，形成完善的产业链。

第一章 新乡村主义

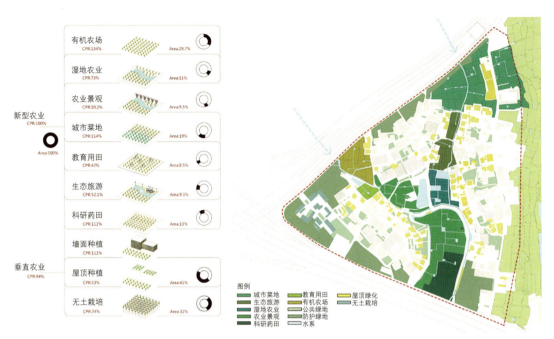

图 1-16 生态系统分析图

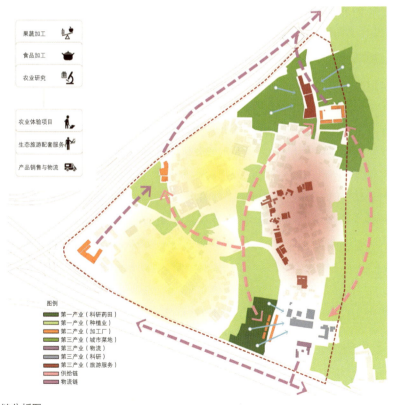

图 1-17 产业链分析图

019

四　总结

　　就此，总结院前社发展的经验，为城市边缘濒临消失的乡村未来发展提出指导，保留乡村特色，延续乡村记忆，根据三生和谐与社会关系理论提出了新乡村主义的基本导则：（1）首先，要保留乡村特有的传统存续的生活方式：其中包括保留有形和无形文化遗产；延续乡村日常生活模式；保留传统节日和节庆活动；让村民自主选择多元生活方式；协调乡村新经济与传统生活方式。（2）其次，要保留永续农耕的生态系统：其中包括保留并修复环保永续生态环境；结合农业生产打造农业景观；创造乡道与开放空间网络；利用传统方式和在地材料美化乡村；形成闭环网络生态系统。（3）再次，要建立城乡多元的产业结构，其中包括建立新型多元的高附加值的种植业为主导产业；形成"研发—生产—运输—营销—配送"的完整产业链条；建立集体经营集体收益的统筹经营模式；鼓励回乡创业并给予政策扶持；控制协调各产业比例，尤其控制旅游产业的总量，保持第一产业作主导。（4）最后且最重要的是建立紧密包容的社会网络：其中要通过传统活动维系好宗亲关系并作为乡村关系的引导；通过组织家庭活动建立开放空间系统协调代际关系；积极引入社会资本植入和政府扶持；争取诸如高校和社会团体等的外来组织参与乡村建设，形成完善的社会关系。

图片说明：

本章图片均来自《新乡村主义——厦门市青礁村院前社发展规划》，绘图：叶紫薇、刘璐、武海娟、张云逸。

第二章
乡村生态博物馆

乡村承载着许多人美好的回忆，在城乡两极化、发展不平衡的背景下，乡村劳动力流失、设施落后、人口空心化等问题不断涌现，乡村的生存和发展面临越来越多挑战。近年来，全国各地掀起建设美丽乡村的热潮，从政府到建筑师、艺术家等学者，再到城市资本开发商，"美丽乡村""主题村""度假村"等乡建、乡村复兴、乡村活化主题已经成为现在的热门话题[14]。在乡建热潮中，涌现出较为积极的伴随式乡建、村民参与式乡建和"内置金融"等创新乡建新思路；然而，也不断出现"百户一面"、"千村一面"等消极案例。打着"乡村文化"的旗号的进行过度旅游开发，以至于影响村民生活，导致冲突不断，这些负面现象同样值得深思。

这些问题令我们意识到，现代城市规划和现代建筑设计的思路不能完全适用于乡村建设，乡建需要还原乡村原本的滋味，留住村民。如何从十几年来的乡建热潮，甚至几十年来的社会主义新农村建设中回顾乡建的点点滴滴；如何更好地进行乡建，为什么要乡建，为谁乡建；如何发掘乡村特色等问题，是我们亟需思考的[15]。中国乡村规划设计院联合创始人孙君曾感叹："乡建，如果方向错了，速度还有意义吗？"在乡建热的背景下，"乡建"这把火该如何烧，需要各方停下来思考一番，回归乡村本质，有的放矢进行探讨。[16]

自 2016 年开始，笔者参与了闽南数个乡村的调研，与政府、当地村民等进行了多次探讨，逐渐开始了解闽南乡村。本团队参与了晋江檀林古村落的复兴活化设计，提出通过"生态博物馆"的概念，对村庄的物质遗产、人文资源，以及自然生态进行整合，探索通过展示乡村和达成乡村文化与环境的协调发展，实现可持续性的乡村复兴。

一　生态博物馆视角下的乡村发展

1　当前"美丽乡村"的建设策略

近年来乡村建设按照推动主体以及建设内容大致可以分为三个方面：第一种是以各地政府为主导的美丽乡村建设，是政府自上而下推动村庄卫生环境、公共服务设施等的建设，带来的大部分都是村庄的环境、交通、建筑等方面的改善[17]；第二种是知识分子，例如建筑师、艺术家、学者等，满怀乡建的情怀，基于对村庄片面的了解将村庄定义为某一种特色主题，以一种主题概括村庄，统一村庄文化[18]；第三种是以外来资本推动，将乡村开发成主题乡村，对村庄进行大面积收购或租用改造，从而吸引游客的项目；以上三类主体推动我国乡建的发展模式，在乡村营建的道路上逐渐完善。[19] 然而三类乡建的推动都有不足之处，如对于村庄自然生态、物质遗产、人文资源三个主要元素关注不全，往往是某一两项重点发展，却缺少对另一项的关照和发展。以资本投入乡村为例，在旅游业的需求下，村庄发展往往以某一特点为主，如对传统建筑进行重点改造开发为民宿餐饮等商业区，却忽略了对村庄的周边生态环境和当地村民生活生产文化的保护。再例如政府媒体宣传的"城市后花园"美丽乡村，根据乡村近郊的地理特点，项目以田园风光格局为目标提升村庄的建设风貌，着力发展特色农业，乡村作为城市的后花园成为近郊地区旅游观光的重要景点。[20] 这一举措虽然在一定程度上带动了村庄的发展，然而却忽略了过度旅游发展对于村民生活的较大影响，旅游观光给农业带来了可观的经济增长，但村庄如人文资源与物质遗产等其他方面缺少发展、缺乏关注，导致游客对于村庄的印象只有农业体验田园风光等关键词，对于村庄的理解有偏颇。

乡村的建设和发展往往需要这三者主体的协同发展，一个优秀的乡建案例包含三者主体的交叉叠加、互利互补。[21] 只有关注村庄人文、物质遗产、自然生态这三个重要元素的全面发展，鼓励多方参与共同探讨村庄的发展，注重居民社区和文化的发掘[22]，才能实现乡村自身的社区发展与可持续发展的长远战略目标。

2 生态博物馆概念

随着人们对遗产认识的提高以及对传统村落申报工作的加强，在我国的传统村落中，遗产保护逐步成为全民参与的活动。乡村内部不仅有物质遗产，也保存着丰富的人文历史、社会网络、自然生态等非物质遗产。

非物质遗产在维持乡村稳定发展中有着不可或缺的地位，因此乡村遗产的保护应该重视整体性。

20世纪70年代以来，新博物馆运动思潮提倡一种新形式的文化遗产保护理念，生态博物馆的思想在1971年国际博物馆协会第九次会议上被提出并开始实践，后逐渐扩展到旧工业园区、自然景观、乡村聚落等原生环境中。[23]在这一思想指导下的遗产保护的实践也在世界各地开展。

生态博物馆（Eco-museum）的生态（eco）并不仅仅指自然生态，而是社会环境均衡系统，生态博物馆的三大要素是自然生态环境、物质文化遗产以及居民生产生活文化。有别于传统博物馆的静态展示和单一的文物保存，生态博物馆更关注村庄的文化保护和可持续发展，动态地保护和展示自身文化[24]。

生态博物馆与传统博物馆的原旨一样都是展示，但生态博物馆展示的范围更为全面，向参观者充分展示所在地的自身艺术文化，强调在原生环境下保留公众技艺，对自然和文化遗产进行整体保护，实时展示所在地的原生态人文景观、生活习俗、物质文化遗产。从组织结构方面看，生态博物馆是由所在地的政府、非营利机构、营利机构、社区居民以及其他利益相关者，共同设想、共同建设、共同经营管理的一种工具（图2-1）。

图2-1　生态博物馆框架

二　福建省泉州市晋江檀林古村活化

为了验证生态博物的古村活化模式，本文选取了福建省泉州市晋江檀林古村作实证分析，此概念规划由作者和另外两位老师共同指导厦门大学规划系学生完成，该作品获得了由全国高等学校建筑学科专业指导委员会举办的 2017 年"全国高校建筑设计教案/作业观摩和评选"活动的优秀教案及优秀毕业设计奖。

> 作品名称：《檀林古村生态博物馆——基于侨乡复兴的乡村活化设计》
> 指导老师：李苏豫、韩洁、王量量
> 参赛学生：黄文灿、杨冰、柯伟宏、任强

1 檀林村历史沿革

案例乡村檀林村位于泉州市晋江龙湖镇（图 2-2），是海上丝绸之路的重要节点之一。闽南自古就有拼搏精神，许多闽南人下海到南洋经商，取得一定成就便会对自己的家乡地进行资本输入，不仅带动了村庄的公共设施以及民居建筑的建设，也带动了许多对外的经商贸易，村庄因此成为远近闻名的侨乡。近百年以来华侨对村庄的乡土情怀反哺使得村庄积淀了许多闽侨文化遗产与建筑遗存。

檀林村最早因陈氏开山建村，所以史称陈林村，后又因檀树成片称为檀林村。20 世纪 40 年代间，弘一法师曾在村庄的福林寺驻锡，时间虽短却对村庄与福林寺影响深远，村庄后来与另一自然村合并成为福林

图 2-2 檀林村区位图

村。2016年，福林村被列入第四批中国传统村落名录，村庄的主要传统建筑也都集中于檀林古村中。可以说，檀林村是晋江市具有代表性的、积淀华侨乡愁的闽南传统村落。

但近年来，由于村庄空心化和农村工业化，村庄逐渐没落，建筑年久失修、生态遭到破坏，村民们对复兴乡村的呼吁声也愈来愈高。

2　檀林古村遗产资源

村庄有古村、古街、古厝、古校、古寺等五类重要元素的建筑遗产（图2-3），简称"五古"，除此之外，村庄还有大量的古井、古树以及农业水利遗址福林渡槽等遗产资源。建筑遗产中被列入晋江市级文物保护单位的有：春晖楼、端园、福林寺。另外，在第三次全国文物普查中，新发现不可移动文物数量多达300多处，如许氏宗祠，私塾"绿野山房""养兰山馆"，番仔楼"书投楼""崇德楼"等。

图2-3　檀林古村建筑遗产

村庄中保存有许多华侨的生活故居、私塾、书法字画等特色闽侨文化遗产；普渡、观音诞、土地公生日、火狮子等传统节日活动；以及"协胜珍"传统手艺、"南音""木偶戏""高甲戏"传统地方文化等非物质文化遗产（图2-4）。

第二章　乡村生态博物馆

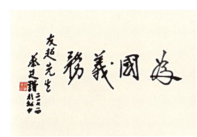
闽侨书法字画

番仔楼（华侨生活故居）

戏曲文化南音

"协胜珍"工坊

木偶戏

高甲戏

图 2-4　村庄生活文化资源

村庄自然资源保存完好，保留有大片耕作农田，农田边上保留着 20 世纪 70 年代建设的农业水利遗产——福林渡槽，凝聚了村民们的集体记忆。村庄中有两条溪流汇集穿过，水资源丰富（图 2-5）。

农田

溪流

福林渡槽

古桥（孝端桥）

图 2-5　村庄自然资源

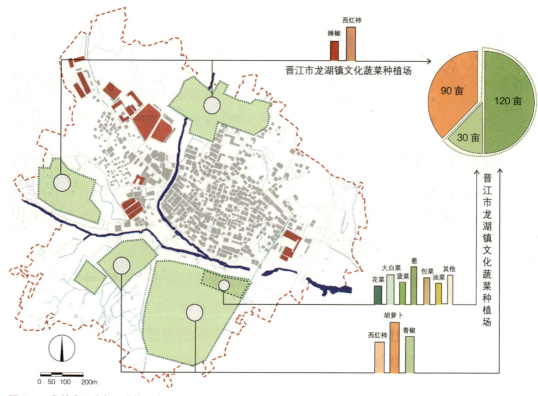

图 2-6 自然资源分布及现状照片

3 现状问题

在自然生态方面,村落四周有大片农田。由于村庄空心化和闽南农村的旧思想,农田均为外来村民租用耕作,种植的农产品品种少,且均为当地人俗称的"草锄菜"。种植"草锄菜"只需常年依靠自动喷淋补充水分,虽方便管理,但导致土质干涩。在水系生态方面,近年来农村工业化,村内建设了许多小工厂,排污不达标导致水系遭受污染,原本清澈甘甜的溪流变成污水浑浊的黑水(图2-6)。

在物质文化遗产方面,大量传统建筑保护欠佳,因虫蛀或受潮等原因导致结构受损,令人惋惜。这主要是由于建筑修缮费用高昂,修缮对于个体村民意义不大,而大部分建筑屋主又在外经商,导致许多建筑年久失修,日渐衰败。[25] 由于这些传统建筑已不再适合居住,有些村民将

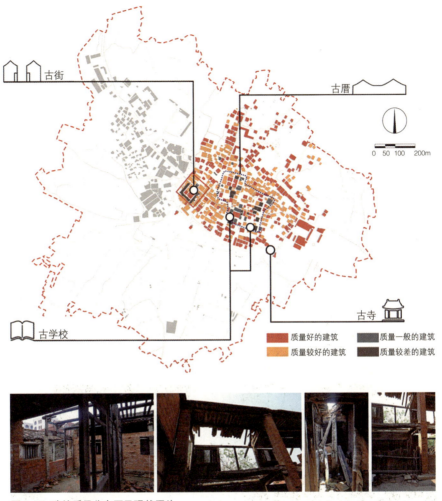

图2-7 建筑质量分布图及现状照片

其用于堆放垃圾杂物,甚至是用于饲养牲畜,不当的使用对传统建筑造成了非常严重的破坏(图2-7)。

在生产生活人文资源方面,村庄内的"协胜珍"老作坊作为村庄特色手艺店铺,因古街建筑破败而关闭,改为在自家房屋接受预定,因房屋较小,手工制作和蒸煮晾晒的工艺受到限制,仅能维持少量订单。村庄南音文化的老艺术家成立南音社,艺术承载者对于艺术的传承热情高,但交流排练演出的场所条件艰苦,村民和其他学者、学生交流和传承机会较少,仅开课于檀声小学的特色选修课中(图2-8)。

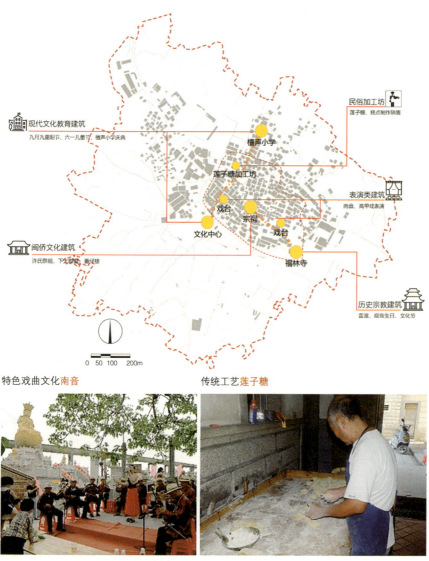

图 2-8 村庄生活文化分布及现状照片

4 小结

通过乡村田野调查和历史资料的分析,发现村庄保存有许多建筑遗产,被称为"闽南建筑博物馆",同样保留原有人文生活习俗与自然生态环境。村庄的自身艺术文化丰富,受到政府与在地村民以及学者机构等多方关注,作者有幸参与村庄复兴发展的讨论中,并以此作为毕业设计选题对檀林古村提出活化发展的方案。

三 檀林古村生态博物馆设计

为了解决上述问题,设计方案提出将檀林古村纳入到生态博物馆的框架下,对村庄的自然生态、物质文化遗产、生产生活文化三个主要方面进行保护与发展,提出了三个主要的设计目标:润生态、览建筑、享生活,综合发展和保护檀林古村(图2-9)。

图2-9 檀林生态博物馆框架

1 发展策略目标

1)润生态

首先,针对村庄的生态水系遭受污染的问题,切断污染源,对村内工厂进行产业升级转型,对河道淤泥与垃圾进行清理整治;其次,对滨水河道景观进行空间提升设计,改善滨水空间,增加村民活动空间;最后,发展特色农业,重塑农耕文化,从而改善农田的生态环境。

2)览建筑

在物质文化遗产方面,尝试对建筑进行抢救性修缮,活化传统建筑,并植入新功能;通过空间梳理与再创造,对传统建筑重新利用并延续生命,活态地展示遗产。

3）享生活

通过对教育、文体、商业等公共服务设施进行更新完善，增加公共空间，提高村民生活水平。在古街中植入新产业活化带动传统商业，满足外来游客的商业需求，同时针对游客制定文化游览路线，使其体验特色民俗生活文化。

结合上述三个设计目标，方案选取村庄内五个典型的建筑类型进行节点设计，设定若干个建筑设计策略对传统建筑进行活化改造与利用（表2-1）。

建筑设计策略对传统建筑进行活化改造与利用　　表2-1

设计节点	类型	目标	设计策略
福林渡槽文化馆	注重农业遗产建筑的线性空间生态景观改造设计	润生态 览建筑	社区参与 生态营造 垂直绿化
檀林南音体验馆	单体建筑的新旧建筑对话提案	览建筑 享生活	新旧对话 功能植入 旧材新用
闽南建筑营造工艺馆	建筑生态圈的空间功能梳理与再创造	览建筑 享生活	梳理空间功能 微环境整治 优化外环境
檀林民俗商业古街	关注生活民俗的回形商业街活力设计	享生活 览建筑	功能强化 优化滨水环境
檀林综合市场	连接农田的农贸窗口市场活化设计	享生活 润生态	农耕体验 优化农田环境

2　节点设计

1）福林渡槽文化馆

背景与现状

20世纪六七十年代，由于水利设施落后，晋南区域缺水，直接影响了农村农业的发展，在"农业学大寨"的背景下，大部分村民参与建设了福林渡槽，这一工程凝聚了村民的集体记忆，具有重要的历史意义和

第二章 乡村生态博物馆

图 2-10 福林渡槽与福林寺

人文价值意义。位于渡槽边上的福林古寺，曾经是弘一法师的驻锡地，承载了许多村民的精神寄托（图 2-10）。后来，由于农业逐渐被忽视，福林渡槽被废弃不再使用，曾经的辉煌壮举成为一堆石头，曾经凝聚村民集体记忆的空间逐渐被人们遗忘。

设计提案

方案整合福林渡槽和福林寺外广场两个重要的历史公共空间，对渡槽遗迹进行功能活化。利用渡槽建筑线性通道的特点和跨越溪流、屹立于农田之上的地理位置特殊性，活化渡槽桥上与桥下的空间为景观生态公园，作为村民的休闲公共空间并带动周边溪流与农田生态的修复，达到润生态的设计目标。渡槽下部设小型展厅，展示渡槽历史价值和村民集体记忆，另外方案结合渡槽上部的垂直交通，设置长跑楼梯和渡桥，增加游览路径，在一定意义上重塑了村民的历史搭建场景。

方案结合渡槽特殊的线性空间，分别对桥上和桥下空间进行功能转换，在社区居民参与和生态景观营造等设计策略下，通过塑造历史场景重塑村民的集体记忆，创造不同的体验活动从而满足游览者的娱乐消遣性，增加渡槽的体验性和景观性（图 2-11）。

方案在渡槽槽身底部增加绿化，抬高人行道路高度，利用原有槽

图 2-11　福林渡槽设计图

壁作为护栏并加设低矮栏杆增加安全性。在此之下，对渡槽体验形式进行进一步探究，以槽身截面作为研究对象，进行不同活动形式的探讨，例如增加休闲座椅、出挑木栈道观景平台、绿化步道等不同体验活动的形式，渡槽上不同的行为活动，使其不只是单纯的线性观景长廊。基于渡槽周边环境的调研及村庄概况，人群活动较频繁的地带为福林寺周边地段，因此步行体验的设置也集中于该区域，包括垂直交通和观景楼梯也布置于此。渡槽之上大量绿化的种植，将原有废弃的农业水利输水通道转换为生态景观公园，使渡槽以另一种生态形式延续生命（图 2-12）。

渡槽下部为了不影响景观通透性，加设的展览馆使用玻璃材质和控制体量，以减少视觉上的突兀感。方案在利用原有柱墩外加设结构柱，一方面支撑垂直交通楼梯和渡桥等，另一方面也加固原有渡槽结构。在这些结构柱间，综合利用空间，设置了高线秋千、吊椅、健身器材等活动形式（图 2-13），供村民进行休闲体验。

桥上桥下的公共空间改造以村民参与为基础，活化利用福林渡槽农业文化遗产建筑，创造凝聚集体记忆的公共空间，唤醒历史公共空间，同时滋润改善周边生态环境。

第二章 乡村生态博物馆

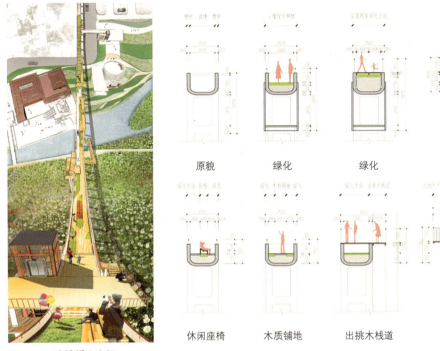

图 2-12 渡槽桥上空间

图 2-13 垂直交通楼梯（左）和高线秋千、吊椅等（右）

2）檀林南音体验馆

背景与现状

养兰山馆是旧时华侨建立的第二所私塾，由两栋闽南古厝组成，现已无人使用。建筑的屋顶在20世纪六七十年代塌落，由于建筑的荒废，屋主并没有按照原有形制进行修缮恢复，而是使用条石修缮成平屋顶，建筑内部原有大空间上厅变成几间小房间。目前建筑内部破败不堪，下落未倒塌的几间房间沦为村民饲养牛羊的场所。建筑四周也成为荒废空地，北侧有个简陋的戏台，但也堆满废弃铁架（图2-14）。

图2-14 养兰山馆现状照片

设计提案

通过村庄田野调查发现，当地南音社的老先生会给小学生上南音课，年迈的老艺术家正在积极地为传统地方戏曲艺术的传承贡献自己的力量。结合养兰山馆旧建筑的破败情况，方案使用新技术与新材料对其进行更新修缮，再考虑私塾和戏台场地特点，方案针用南音文化对其进行功能植入，设定为南音体验馆，主题为新旧对话。方案活化原古厝，恢复闽南古厝的传统屋面和内部空间形制，将其作为南音展厅和南音传承教室等，新加体量则设有排练厅、放映室等新功能。

利用古厝四周的荒废空地，结合新旧对话的主题，方案在传统古厝周边加入新体量，通过高低起伏的体量处理，让古厝隐约显露于新建筑之中（图2-15）。新体量设有大空间，与传统古厝联通，形成流线交集。在材质方面，方案将传统瓦片旧材新用，作为新体量的立面百叶，呼应传统建筑材质艺术。同时，新体量采用简洁的玻璃幕墙与古厝的丰富立面进行新旧对话（图2-16），体现传统闽南古厝的精美建筑工艺。

第二章 乡村生态博物馆

图 2-15　南音文化体验馆南立面图

图 2-16　新旧对话效果图

图 2-17　下大群厝航拍分析图（左）和下大群厝现状图（右）

　　传统建筑养兰山馆采用新旧对话的手法活化建筑单体，展现传统闽南建筑艺术、建筑文化，通过旧艺术文化以老幼同堂为载体延续并焕发出新的生命，传承南音文化传统。

3）闽南建筑营造工艺馆

背景与现状

　　下大群厝是著名华侨许逊庆的家族故居，群厝中包含居住建筑逊沁故居，学堂绿野山房，宗祠和池塘，以及工匠房等其他建筑（图 2-17），是个完整的传统建筑生态圈。如今由于缺乏保护和利用，多数建筑都已空置，破败程度不等，许多建筑屋顶坍塌。庆幸的是其整体格局和建筑形制保存完好，包括部分精美的建筑细节，如石雕、木雕等。

设计提案

结合建筑群内精美的木雕、石雕、瓦作等建筑工艺,以及群厝中工匠房学堂建筑的工匠文化和学堂文化,方案将群厝定位为闽南建筑工艺体验馆,植入门厅、木作展厅、瓦作展厅与堆剪作展厅,以及传承工作坊等功能。通过游览传统闽南建筑展示建筑艺术文化,体验学习闽南工匠手艺,来弘扬闽南建筑工艺文化(图 2-18)。

方案梳理建筑群空间,将建筑单体通过参观体验的流线串联起来,根据建筑内的工艺分布重新定义建筑功能,并设有屋面瓦作展场,可供参观者近距离观赏屋面瓦作的构造层次与精湛技艺,同时利用建筑群中的微环境进行整治优化(图 2-19),设为临时展场与提供居民休闲的公共空间。在建筑倒塌或破败严重的区域植入新结构,加固老建筑结构,利用新材质构建原本的建筑空间形式。

图 2-18 闽南建筑营造工艺方案效果图

对下大群厝生态圈的梳理与重组,动态地展示了闽南建筑遗产的工艺,创造了与工匠手艺人的交流互动的体验,传承了闽南建筑工艺文化。

4)檀林民俗商业古街

背景与现状

回字形通安古街是20世纪30年代华侨经商建设而成,成为过往商人必经的驿站,繁盛一时。后因抗日战争等原因,华侨与国内贸易被切断,古街也随之衰败。古街现状也是破败不堪(图2-20)。

图2-19 建筑群微环境优化(左)和室内空间改造(右)

图2-20 古街现状图

设计提案

方案首先完善了古街内的生活商业，丰富商业类型，提高村民的生活水平；其次对现存"协胜珍"老作坊，方案对其进行功能强化，增加手作体验，让参观者以DIY等多形式感受作坊生活文化。同时，方案将古街二层改为民宿，增加客源以满足旅游发展的需求，也在一定意义上恢复了上宅下店的古街骑楼空间利用形式（图2-21）。

方案通过对古街现存立面进行测绘以及资料、口述历史研究等方式，进行古街立面复原设计，加入新材料新结构对古街进行修缮，同时针对滨水空间增加木栈道与小型广场，增加居民公共空间。在此之上，增加少数小体量，屋面连接曲折呼应古街肌理，作为民宿和手艺体验等功能的补充空间，与古街和溪流进行对话，促进居民与游客的交流。

古街内加入新业态，优化滨水空间和街道环境，展示生活文化，促进居民与参观者的交流与互动，体验村庄生活。

图2-21 古街改造效果图

第二章 乡村生态博物馆

5）檀林综合市场

背景与现状

檀林综合市场是周边村落中较大的农贸市场，毗邻阳溪与农田。但由于乡村空心化与闽南村民的旧思想，村民外出打工不耕种田地，大部分农田均为外来村民租用耕作，菜地农产品没有流向本村农贸市场，市场与菜地缺乏联系（图 2-22）。

设计提案

方案连接菜市场与农田，通过滨水栈道和农田小构筑物，设置滨水垂钓区与农耕体验区，改善滨水空间环境和农田生态系统，让村民与参观者可以体验生产文化（图 2-23）。市场建筑内部通过保留十字

图 2-22　菜市场现状图

图 2-23　檀林综合市场效果图

图 2-24 菜市场改造剖面分析图

内街,将集市空间拓展到室外,联系古街商业与农田农耕活动,室外小广场空间内设置活动式台面,在日间可以开放于集市活动,在夜晚收起可以形成村民广场,增加村民与参观者的公共活动空间,综合利用市场空间(图 2-24)。

市场带动本地村民与外来村民之间的交流,展示村庄原生农田生态环境,供人们体验村庄生产生活文化。

3 小结

方案通过对线性农业建筑遗产、单体建筑、建筑生态圈、回形商业街与农贸市场,五个重要示范点的设计,达到润生态、览建筑、享生活的设计目标,动态展示村庄的自然生态、物质文化遗产和生产生活文化,带动檀林古村生态博物馆的发展(图 2-25)。

在滋润修补自然生态、活化物质文化遗产、体验生产生活文化三个方面下,方案充分展示了檀林古村自身艺术文化,同时兼顾社区发展与文化保护,可持续性地发展复兴积聚闽南侨乡文化的传统村落。

四 结语

在与村民、政府、建设者等多方进行探讨,结合生态博物馆的理念后,作者对檀林古村落的乡村建设提出上述发展模式,方案仅提取五个重要节点进行设计,对于村庄其他建筑修缮、建筑改造和道路交通生

第二章 乡村生态博物馆

图 2-25　檀林古村生态博物馆效果图

活服务设施与生态修复等问题的探讨不足，希望在今后的村庄建设发展中，与村庄一起探讨发展方向。同时，作者也将在闽南其他乡村的建设中，总结不同的村庄建设发展与建设经验，结合乡村特质，整合村庄自然生态、物质遗产、人文资源，关照社区发展与村民的生活，对生态博物馆乡建体系进行补充和完善，继续探讨闽南乡村建设的发展模式。

图表说明：
本章图均来自《檀林古村生态博物馆——基于侨乡复兴的乡村活化设计》，绘图及摄影：黄文灿、杨冰、柯伟宏、任强。
表 2-1：作者自绘。

第三章
乡村的核心与边界

面对我国当前城乡发展不平衡的突出矛盾，中国共产党第十九次全国代表大会明确提出实施乡村振兴战略，为今后乡村规划与发展指明方向。通过实施乡村振兴战略，让农村资产价格向其应有的相对价值回归，促进农民收入增长，进而降低我国经济的系统性风险。[26] 同时，党的十九大报告也提出建立健全城乡融合发展机制和政策体系，加快推进农业农村现代化。[27] 基于此背景，乡村规划的编制成为乡村振兴中的重要环节。

近些年来，全国掀起乡村规划编制与研究的热潮，虽已取得一定成果，但仍存在诸多问题，照搬照抄城市规划编制方法的情况普遍存在。在实践中，传统的、简单化的空间集聚模式常被用来处理现今日益多样化和复杂化的新时代乡村[28]，乡村规划的方法和治理方式缺乏针对性和创新性。已有的乡村规划实践多是自上而下进行的，批量化、粗放化建设趋势明显，而对乡村特质、村民诉求的考虑较少，造成规划脱离实际、落地性较差的问题。同时，由于乡村的物质环境与社会经济发展阶段不适应，不少乡村在发展过程中特色渐失，规划建设未能发挥振兴乡村的作用。完整的乡村规划兼具空间规划与制度设计两方面，既要因地制宜地考虑乡村地区间经济状况、自然环境、社会文化等方面的差异，又要充分考虑村民本体利益与乡村特质，发挥引导乡村良性发展的作用。

本文在分析城乡融合过程中乡村所面临的现实困境的基础上，引入乡村核心—边界理念，对乡村规划理念及发展模式做出积极探索，以厦门市欧厝村为研究案例展开说明。

一 城乡差异与核心—边缘理论

1 城乡差异的主要特征

近年来，越来越多的专家学者聚焦于城市化背景下产生的城乡问题。在制度层面，长期以来中国城乡呈现出二元体制的关系，国家发展战略偏向城市、分配制度偏向市民、产业结构偏向第二、三产业。[29, 30] 在政策与模式层面，城乡在土地产权、治理与发展模式等均存在明显差异。

在生产与生活层面，城乡的居住空间、生产生活方式也都呈现出截然不同的状态。

乡村作为一个不断发展、演变的社会经济文化物质实体，其特质主要表现为传统的生活状态、自发的社会组织、朴素的价值观念、独特的地域文化和无可复制的历史变迁等，在乡村规划的过程中如果没有针对性的策略，这些特质极有可能消失或被取代。另一方面，在新的城乡关系和经济运行模式的引导下，乡村不能以原有相对孤立的方式生存下去，必须对其生产模式、产业结构等作出适当调整以适应新的发展环境。因此，在乡村发展过程中如何保持乡村特质成为乡村规划的难点与重点。

2 核心边缘理论

核心边缘理论最初是关于区域发展与区域开发的理论，由约翰·弗里德曼（John Friedman）发展完善。[31]通过核心—边缘理论，弗里德曼解释了一个区域如何由互不关联、孤立发展到发展不平衡；又由极不平衡发展，变成互相关联平衡发展的区域系统。该理论解释了在不平等的发展关系中，城市核心与边缘区域如何通过要素流动、空间调整来达到区域空间的一体化的目标[32]。

英国建筑师赛瑞克·普莱斯（Cedric Price）将该理论应用于城市空间，提出城市"鸡蛋"空间模型。赛瑞克将欧洲的城市化演进历程视为三种形态的鸡蛋，分别是："水煮蛋""荷包蛋""炒鸡蛋"（图3-1）。[33] "水煮蛋"时期，城市逐渐发展为一个密集而紧凑的中心，城市的"防御墙"不断受到外界力量的冲击；"荷包蛋"时期，即工业社会时期，城市随

图3-1 赛瑞克·普莱斯城市"鸡蛋"空间模型图

着人口和工业的增长迅速扩张，城市核心仍保留了其传统功能，即城市中心的象征和中央权力的所在地；"炒鸡蛋"时期，即信息社会时期，城市核心被不断扩大的住宅区、工业区以及提供公共服务和交通的基础设施网络所包围，中心无法起到控制作用，城市核心最终在不断扩张的重压下崩溃消解。[34]

该空间模型呈现了城市中心与周边空间的经济发展规律。然而乡村与城市在动态发展的过程中呈现出截然不同的状态，乡村与城市发展初期的边缘区域相似，其生产方式、社会及自然环境相对独立，在城乡融合的过程中处于不平等发展关系的弱势一方。近年来，在快速城市化以及城市发展惯性的作用下，随着城市空间的不断扩张，城郊乡村逐渐成了被冲击和包围的对象，城市建设大量侵占其空间，在此过程中城乡碰撞激烈、城乡界限日渐模糊、城郊乡村特质逐渐消失。在这样的背景下，城郊乡村如何保持自身特质不被城市同化显得尤为重要。

二 乡村核心边界理念

1 乡村核心边界理念的提出

城郊村由于其区位、经济、信息等方面的特性，易受到城市扩张的影响，同时由于土地的征用及非农化，越来越多城郊村的村民成了失地农民，导致其乡村特质日益淡化。[35, 36]因此城郊村在乡村发展及特质的保留方面均有迫切需求。为了解决上述问题，本文将城市的核心边缘理论和城市"鸡蛋"空间模型运用至城郊村中，提出了乡村核心边界理念。根据上述分析可以发现，此类乡村在城乡融合乃至混杂的过程中，其经济、文化、社会等层面的核心正在逐渐消失，而该动态变化的过程可分为三个阶段，并在各阶段不同尺度上呈现不同性质的变化，如图3-2所示，可以从宏观、中观和微观三个层面来解释。

在宏观尺度中表现为城乡关系：第一阶段时，城乡间差异较大，相互独立，乡村核心明显；进入第二阶段，城乡差异逐渐缩小，乡村边界

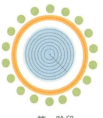  

第一阶段　　　　　　　　第二阶段　　　　　　　　第三阶段

图 3-2　不同阶段乡村核心边界关系示意图

开始受到冲击，乡村核心仍保留其在建设中的主导地位；到第三阶段时，城乡差异消失，乡村核心消解，特质消失。

在中观尺度中表现为乡村与周边环境：第一阶段时，乡村与周边联系较弱，自给自足；进入第二阶段，城市用地扩张，经济联系加强，交通路网改善；发展至第三阶段，空间异质性消失，被城市完全同质化。

在微观尺度中表现为人群身份：第一阶段时，农民的身份单一，对其身份认同感较强；进入第二阶段，农民的身份呈多样化转变，职业认同感减弱；到第三阶段时，初始身份消失，认同感彻底丧失。

由此可知，如果要在乡村规划的过程中保留乡村特质，就必须对乡村的核心要素进行保护，同时适当柔化边界要素与城市对接。

2　乡村核心与边界的认定

显然，此类城郊乡村的体量对比城市体量要小得多，其核心与边界之间的要素流动及空间转换的频率也较低。从两者所起的作用来辨析，城郊乡村的核心要素就是保持乡村特征，是区别乡村与城市的重要条件，而边界要素则是可以与城市发生互动甚至是为了适应城市发展可以改变的要素。笔者认为乡村异于城市的主要差异性特征有以下几个方面：第一，自给自足的生活方式和以农业、渔业、畜牧业等第一产业为主的生产方式；第二，以熟人关系网络建立的社会联系和空间组织、传统氛围浓厚的文化活动以及强烈的身份认同和文化认同感；第三，良好的生态环境、空旷的乡村田野景观、分散的居住空间以及独特的聚落形态和建筑形式。

乡村的边界则体现在与城市在物质空间和非物质空间上相连的经济、文化、空间等方面，是乡村规划过程中可充分利用的弹性空间，主要表现为：一、经济层面，城乡产业链的连接延伸；二、文化层面，城乡文化的融合，乡村人口的身份多样化；三、空间层面，土地性质的保留与变更，空间景观联系性加强，交通网络的衔接完善。

3　核心边界结构优化

基于乡村核心边界的认定与结构的分析，对比各阶段乡村发展状态可得出，第二阶段及城乡碰撞阶段可成为日后乡村规划的着重施力点。城乡碰撞阶段的乡村处于一个富有发展弹性又保有文化韧性的状态，在碰撞过程中保留乡村核心、柔化融合边界，通过合理的乡村规划可以有效控制其核心与边界的发展，从而形成城乡平等、共生、和谐的新型城乡关系。

结合赛瑞克·普莱斯（Cedric Price）所提出的城市"鸡蛋"空间模型图，可以发现乡村的核心与边界同样存在与"鸡蛋模式图"相似的几个过程形态，而在类似于"荷包蛋"的城乡碰撞阶段，乡村核心边界形态存在着极大的优化潜力（图3-3）。

图3-3　乡村核心—边界结构优化示意图

优化后不同层面所表现的乡村核心边界关系如下：

宏观尺度——城乡关系：保留乡村核心差异性，协调城乡之间的经济联系、文化影响、生态结构与互动关系。

中观尺度——村落与周边环境：保留村落核心空间特质，加强与周边城市空间的社会联系以及交通连接。

微观尺度——村民身份：保留村民传统身份，同时引导村民身份多样化，丰富村民生活技能。

区别于城市核心边界理论，乡村层面的探讨强调在规划过程中对核心与边界要素进行区别对待，并非强调如何促进两者之间的要素流动和空间转换。

三 实证案例：以厦门市欧厝村为例

本文选取了厦门市欧厝村作为乡村核心边界理念的研究对象，该村是厦门市翔安区典型的失海渔村，在区域城市化的过程中，经济、文化、社会等方面都受到了冲击。通过作者指导的参赛作品《渔家傲——基于核心边界关系的厦门传统渔村更新设计》讨论核心边界理论用于乡村规划的可行性，该作品由作者和另外两位老师指导厦门大学规划系学生完成，荣获2018年"TEAM20两岸建筑与规划新人奖"大赛城乡规划组二等奖（名次：第四名）。

> 作品名称：《渔家傲——基于核心边界关系的厦门传统渔村更新设计》
> 指导老师：王量量、郁珊珊、常玮
> 参赛学生：兰菁、陈慧琳、林晓云、田彤

一直以来，乡土村落都是研究热点之一，但沿海渔村却未能得到重视。沿海渔村作为一类特殊的乡村，多分布于滨海地带与海岛上，具有区别于一般村落的自然景观；涉海人群围绕渔村从事海洋资源开发的生产实践活动，形成特定的生活形态，进而形成有别于农耕型村落的风俗文化。由于近年城镇化建设、工业发展以及近海水产资源枯

竭等因素的冲击，我国沿海渔村的活动场所与活动范围不断遭到侵占，越来越多的渔村正在走向终结，传统渔文化也随之消失。因此，在福建等海洋经济大省，渔村及渔文化的保留在当下乡村振兴的背景下显得尤为重要。

1 现状概述

欧厝村位于厦门市翔安区西南部，南面与金门隔海相望，周边海域为白海豚—文昌鱼保护区。该村曾经拥有厦门最大的"讨海船队"，渔业、海上贸易繁荣一时，还被冠以"小香港"的美名。如今村庄占地面积约 6.8 平方公里，村内常住人口约 5000 人。

欧厝村的历史可追溯到明清时期，曾是盛极一时的商业渡口。抗日战争期间，村中房屋多被炸毁，沦为废墟之地。在厦金炮战中，因其独特的地理位置，成为了海防重地。新中国成立后，欧厝村开始重建，渔业逐渐复兴。21 世纪以来，翔安隧道与海翔工业码头等城市开发建设项目导致传统作业海域面积减少，在城市发展、水污染多重因素的影响下，欧厝村的海上区位优势与传统特色日益淡化，当地渔业不断受到冲击，老龄化问题也日益严峻。伴随欧厝避风港项目的提出及翔安新城、轨道五号线的建设（图3-4），欧厝传统渔村迎来新的发展契机。

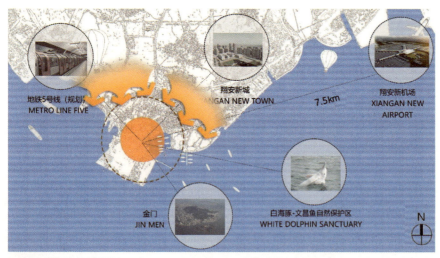

图 3-4 欧厝村区位图

2 问题识别

1）作业方式消逝

在渔业产业衰退的大背景下，近年来欧厝村的涉海从业人数不断减少，许多中青年村民选择外出务工，转向第二产业及以服务业为主的第三产业。同时，村庄牡蛎养殖产量由于码头建设而锐减，渔村特有的生产作业方式正逐渐消失。目前，村内尚存渔业捕捞、渔船制造等传统渔村产业，但产业间联系不紧密，产业效率较低，产业网络有待完善。

2）文化认同丧失

随着渔业传统的逐渐萎缩，以渔村文化为主体的传统文化正日益淡化。在调研过程中发现欧厝村内有数量众多的妈祖庙、宗祠等传统文化空间，但使用频率低，平时多处于空置状态，原先出海前的祭祀活动也逐渐被忘却。在当代经济、旅游需求等外界要素的不断冲击下，位于城市开发前沿的村落往往会以一种脱离原有乡村核心价值的方式去被迫接受外来文化与产业功能的入侵，以获取短期而不可持续的经济效益，从而导致自身在同质化竞争环境中丧失特色[37]。

3）聚落形态改变

在本文中，渔村聚落形态指渔村的平面展布方式，包括村庄的水系、绿化、民宅、晒场等渔业景观与传统村落肌理。近年来，周边城市建设不断蚕食村庄农田绿地，当下欧厝村的人均耕地不足一分，其农田生态系统不完善，同时缺乏可持续的发展模式。除此之外，工业码头的建设破坏了原有的自然岸线，改变了附近海域的自然属性，进而影响潮汐水位。随着渔业的衰落，村庄晒场的数量也不断减少，逐渐被小型厂房与民宅所取代，渔村地域功能退化，聚落空间形态逐渐发生异化。

4）现状问题小结

当下欧厝传统渔村面临的主要问题可总结为：职业群体断层，传统渔业难继；渔民认同丧失，渔村文脉断裂、地域功能退化，聚落形态异化。与众多正走向终结的渔村一样，欧厝村的渔村特质逐渐消失，慢慢被城市包围同化。

3 基于乡村核心边界理念的乡村规划策略

推动欧厝村走向振兴需要针对村内产业、文化与空间的突出问题进行分析探讨，笔者基于乡村核心——边界理念提出了针对性的优化策略。

1）产业发展策略

农民是乡村建设的主体，以其为核心推进乡村产业转型及特色产业的规模化发展是乡村产业发展的有效途径。[38]在乡村振兴战略的支持和驱动下，农民通过就业、创业拓宽增收渠道，亦可在农村三次产业融合发展中共享产业升级的增值收益。随着消费需求升级与捕捞技术现代化，渔村单一的生产方式在不断变迁的外部环境下难以长期生存，这就要求渔村在承接城市功能的过程中，既应保留特色生产方式，又要采取多元共存的原则，以适应不断更新的发展需求。

针对欧厝村，将其产业核心认定为渔业捕捞、牡蛎养殖、渔船制造、渔网编织等渔村特色生产方式。在此基础上，推进渔村经济边界的市场化，结合外来资本与技术丰富经济活动，提高渔村经济活力。在原先单一的传统渔业基础上，推行捕捞、织网等体验活动，结合互联网技术推行线上竞拍、销售等新型模式，引入文化创意产业，丰富产业结构，完善产业网络，实现第一产业现代化、第二产业科学化、第三产业体验化。同时采用集体经营与个体经营并行的模式，为村民提供多样的就业选择，提高渔民收入，开放经济边界。

以渔业为例，将具有地方特性的渔业产品与体验观光、电子商务相互结合，提供常规捕捞销售服务与"渔船对接"等定制服务，发挥信息整合优势，丰富盈利途径，完善渔业产业链（图 3-5），充分实现渔业的市场价值，提升行业竞争力。在开放经济边界的过程中，充分发挥基地服务业潜力资源，拓展以生态观光、教育体验为主的服务业，为失海渔民提供就业岗位，使其共享发展成果（图 3-6）。

通过产业核心边界策略，使欧厝村在保留了部分渔村经济的同时，成为城市产业扩散的主要空间载体，成为渔村经济和现代城市产业共存的区域。

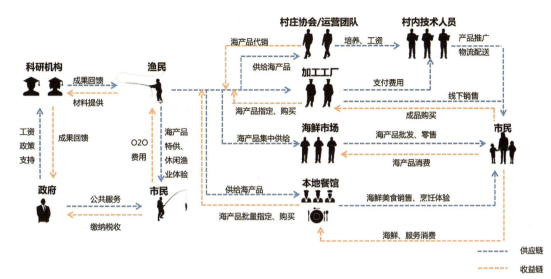

图 3-5 渔业产业链更新发展图

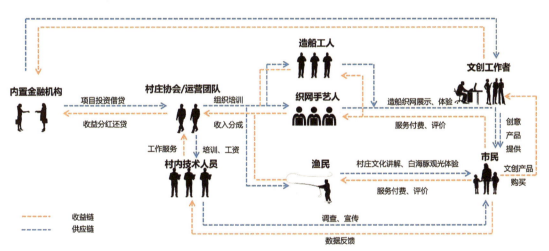

图 3-6 服务业产业链拓展图

2）文化核心边界策略

文化特质是地方特色的重要组成元素，尊重保留特色文化既是避免同质化发展的重要路径，也是促进城乡发展的新的动力因素。乡村规划应传承历史文化，也要注入时代内涵，营造体现地域特征、民族特色和时代风貌的人文城乡环境。

针对欧厝村，将其文化核心认定为渔村原有打渔耕地、传统手工等生活方式及宗祠、民俗信仰等传统文化。通过保留原有游神活动、新增串联重要空间节点的游神路线等途径传承传统生活方式。在保留文化核心的基础上，开放文化边界、延续拓展文化活动，如开展渔文化节、南音比赛等活动。此外，利用地缘优势与地方高校合作建立乡—校实践基地，推动大学生关注这一特殊模式的渔村发展。同时推行"积分文凭"，使新一代渔民可在休渔期接受文化教育，并取得相关文凭认定，在鼓励渔民从事渔业活动的同时，提高其身份认同感。

3）空间核心边界策略

地理环境是乡村聚落空间形成的自然本底，而聚落空间形态的差异是乡村有别于城市的重要特征之一。以牺牲环境为代价来追求经济增长的做法局限性日益凸显，"绿水青山就是金山银山"已逐渐成为越来越多地区的共识。

针对欧厝村，将其空间核心认定为白海豚—文昌鱼保护区等渔村自然生态系统、以避风坞为主体的渔业空间与渔业景观以及传统村落肌理。首先，通过保护现状农田耕地、拆除侵占农田的建筑，使农田有机嵌入村落以实现农田整合；其次，打通村落内原有的明渠暗渠，恢复本底水系肌理，从而实现水系修复；同时，织补现状空地，通过构造景观节点、增加绿色空间来建构绿地系统；接着，将码头改造成生态公园，恢复村落生物多样性；最后，在保留核心的基础上，开放边界，实现渔村聚落形态的恢复与良性发展。

4）小结

伴随着城市化的进程，城郊传统渔村原有的生活生产方式、生态环境及乡村文化在逐渐消失，而乡村振兴策略的提出为其带来了复苏的契机。通过对乡村核心边界关系的探索，为欧厝渔村未来发展提供有效路径，使渔村的产业网络完善、生活方式延续、聚落形态传承成为可能。让渔村在保留核心特质的同时，拥有开放的边界外沿，对接城市文化与产业，使乡村在新的城乡共融关系中真正得到可持续发展（图3-7）。

图 3-7 发展策略分析图

4 基于乡村核心边界理念的具体规划与设计

1) 区域交通

结合未来厦门发展定位与生态因素,我们建议将海翔码头改设为客运码头,同时根据起终点特性分别规划旅游路线、通勤路线,完善环东海域水上交通(图 3-8);在陆上交通方面,通过连接周边道路,提升基地可达性与便捷性。增设公交接驳站点,提倡公交出行,完善接驳能力。

2) 渔村规划

本次设计共分为两个层次,规划渔村范围约 261 公顷,包括欧厝村、澳头村与海翔码头;详细设计地段约 139 公顷,指避风坞附近片区。规

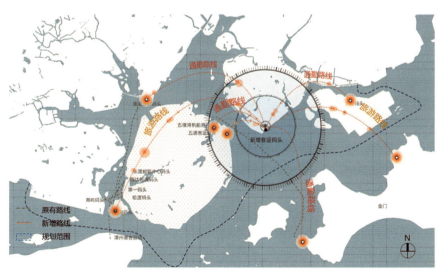

图 3-8 区域交通客运码头设置图

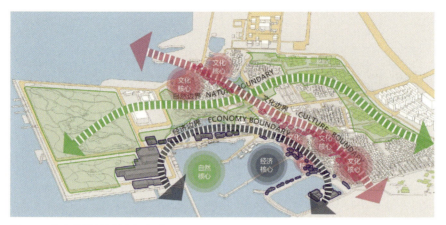

图 3-9 核心边界理念的空间应对图

划片区总建筑面积约为 157 公顷。

整体规划上围绕各自核心空间，形成自然、经济、文化三个层面的核心边界关系，使渔村在保留特质的基础上有序发展（图 3-9）。通过规划，打通基地内部交通微循环，提高交通可达性，对内部交通空间进行优化，并结合空间句法对方案进行比较，选取较优方案（图 3-10）。同时对周围的公共服务设施进行完善，包含祠堂妈祖庙（文化娱乐设施）、海鲜商贸零售市场（商业设施）、老年活动中心（社区服务设施）以及欧厝小学（教育设施）等。

渔业文化的振兴离不开渔民再就业的问题。对于本地居民，应结合原有人群分布特点，分别提供相应的活动内容。其中，澳头失海渔民可选择渔业养殖、文化讲解等活动；欧厝渔民可从事渔业捕捞、渔排经营、海鲜加工等活动；农民则可进行胡萝卜种植与带领游客参观体验等活动。若游客来到基地，可体会渔村民俗、南音风情等传统文化；可进行渔业观光、织网造船等渔业体验活动；亦可参与采摘胡萝卜、种植教育等农业体验活动。

3）详细设计

接下来是一些具体的设计节点（图 3-11），首先我们利用渔排植入水上餐厅、住宿等第三产业，设置亲水平台，提供休闲服务，完善滨海岸线系统；其次保留更新村内妈祖庙、戏台、祠堂等重要文化生活空间，

第三章 乡村的核心与边界

图 3-10 规划总平面图

1 传统文化广场
2 办公培训基地
3 祠堂
4 南音会馆
5 社区活动中心
6 佛教寺庙
7 生态公园
8 现代鱼塘
9 渔文化馆
10 妈祖庙
11 造船基地
12 渔市
13 镇海宫
14 织网基地
15 捕捞体验
16 水上餐厅
17 渔船停靠点
18 牡蛎加工
19 物流仓储站点
20 售卖服务

图 3-11 详细设计图

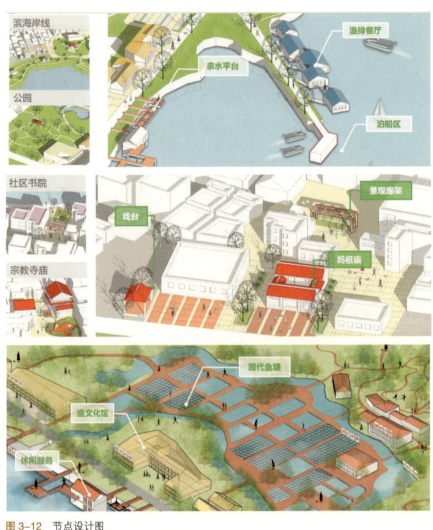

图 3-12 节点设计图

并增设景观小品；最后结合码头改造，设置现代鱼塘，同时提供文化休闲服务（图 3-12）。

4）小结

规划营造有着重要的引导作用，但也并非万能。我们希望通过核心——边界关系的探索，为渔村未来发展提供一种新的可能。在渔村核心保留与边界开放的基础上，实现生活方式延续、自然生态修复、产业网络完善，使渔村共同体的发展更加和谐，实现渔民回归、渔村延续的发展目标。

四 结语

随着城乡间经济、文化、社会等方面的交流日趋频繁，诸多城市要素浸入乡村并对乡村进行了同化。由于乡土社会普遍缺乏城市化的动力和实力，乡村在城镇化浪潮中通常面临两种结局：一种是富有地域特色的乡村社区最终被城市社区所取代；另一种是在"经济理性"的驱动下，乡村自发地进行更新[14]，但这也导致了大量的社会问题，如城乡同质化等。乡村作为地方性共同体，其生态环境、生活方式、文化传统具有不可替代的价值。乡村振兴不是简单地推进乡村城镇化，也不是让乡村更类似于城市，而是承认并尊重乡土价值在特定地域的主导地位，在保留城乡特色的基础上，促进"批量生产"与"个性创造"两种形式的平等竞争，使乡村的功能不局限于提供生产服务，更是作为生活的场所，并引导全社会的生存理念向"适度舒适"与"可持续性"的方向发展[15]。

乡村核心——边界理念的提出是基于对城乡发展规律及城乡特质的探讨，以此为依据在作业方式、文化认同、聚落形态三个层面分析欧厝渔村的现状及突出问题。本文以乡村核心——边界理念为指导，提出系统的欧厝渔村的振兴策略。通过对欧厝渔村的现场调研与访谈，将理论与实际案例相结合，有助于完善乡村规划理论的研究，指导乡村规划实践，并为类似的村落振兴提供借鉴。

由于可供分析的资料较少，文中部分分析和论述还有待进一步讨论，目前的研究还是以定性分析为主，在乡村核心与边界的量化分析、对比分析以及两者之间的要素转换等方面，还需日后进一步扩展和深化。

图表说明：

图3-1: Samantha Hardingham. Cedric Price Works 1952-2003: A Forward-minded Retrospective[M]. Montreal: Architectural Association & Canadian Centre for Architecture, 2016.

其他图片均来自《渔家傲——基于核心——边界关系的厦门传统渔村更新设计》，绘图：兰菁、陈慧琳、林晓云、田彤。

第四章
乡村内生力

乡村的发展，最终都要回归乡村的主人——农民。乡村的内生力，也可被理解为农民的内生力。所以各种制度的保障、治理体系的完善、产业的活化、文化的挖掘等都要以农民为根本，以农民的视角为出发点，尊重农民农户的意愿，切实维护农民群众的利益，才能真正地发展好乡村，激活乡村内生力以实现乡村振兴。

一　内生力概念

内生动力即内生力，是乡村振兴的根本，旨在使乡村自发地、自组织地向更好的方向发展。乡村的内生力，主要是指乡村社会能够通过优化组合人、财、物、制度等各种资源要素实现自发展、自治理的可持续发展能力。乡村振兴内生力培育与激发的相关举措有：培育新型职业农民、发展现代农业产业、挖掘培育乡土文化、健全乡村治理体系、释放乡村生态优势、优化乡村制度供给。[39, 40]

对于乡村的内生力相关议题，国内外学者均做过相关探究。其中，国内学者主要从制度、产业、空间、人文四方面做出相关探究与实践。在制度方面，孔德永[41]认为，提升新时代农民获得感，需要充分发挥乡村制度体系供给的系统集成作用，从保障农民经济利益和政治权利的制度设计理念出发，不断优化农村基本经营制度、农村治理制度与城乡融合制度等基本制度体系。叶兴庆[42]认为，要通过推动公共资源向农业农村优先配置、提高农业支持保护政策的效能、促进城乡资源配置合理化、城乡产业发展融合化三方面来促进体制机制的创新，以达到乡村振兴的目的。刘晔[43]通过乡村治理半国家化、国家化、去国家化三方面系统地阐述了乡村治理的原则，即通过在不同组织间建立监督关系，以保障各自权益的独立性。徐勇[44]认为，对村民自治制度的成长路径存在不同的认识，主要有强调政府自上而下的推动和关注农民的自发创造两种代表性观点，但实际上这是一个双重作用的结果。夏银平、汪勇[45]认为，通过提升党组织组织力、加强服务型基层党组织建设等措施来提高党建引领效能,以此提升乡村内生力。

在产业方面,彭晓旭、张慧慧[46]认为,内生于乡土社会的乡村产业凭借本土廉价劳动力优势、稳定的用工关系、灵活的用工制度以及村庄内部的产业分工与集聚等四重嵌入性经营机制,在激烈的市场竞争中得以顽强存续和发展。同时,大规模的本地化就业维持着完整的村庄社会结构,强化了村庄价值再生产能力,并在富人主导的村治逻辑下形成稳定且有序的村庄秩序。曾薇[47]认为,乡村产业的发展需要进行系统化的考量,关注其发展策略的"有效性",关注多元主体之间的协同效应的形成,利用完善的实践机制予以支撑。朱海英,张琰飞[48]通过分析乡村产业生态系统的结构特征和关系特征,不同主体之间通过环境适应、协同发展、利益联结和协同治理等机制,总结如何协同乡村产业与生态系统。李红艳[49]认为,农村低收入人口通过新媒体的使用,拓展了线上线下的社会网络,在赋权的过程中获得了新的自我身份和个体自主性。

在空间方面,戈大专等[50]认为,乡村价值重构是确保乡村振兴目标实现的关键环节;空间治理振兴乡村的效应从城乡互动关系优化、乡村内生动力激发、基层组织能力强化等层面加以呈现;乡村空间治理推动城乡融合发展、激活乡村内生发展、保障组织机制,是落实乡村振兴的有效路径;"上下结合型"乡村空间治理有利于落实空间开发权利的合理配置。李雯君[51]在中国乡村空间环境设计发展现状的基础上,指出符合新时代发展要求的设计与发展方式:坚守文化自信,凸显地方特色、实现对传统空间环境的置换。谭林等[52]认为,重构乡村空间是对新一轮乡村转型发展要求的积极回应;新时代下促进乡村空间重构与土地利用转型耦合发展的一个重要思路是全方位探寻土地利用优化转型的多维路径。郭远等[53]认为,要根据乡村是否具备种养、人文景观或自然景观的条件,分别提出构建田园乡村空间文化和游戏乡村空间文化,前者是表征山林草地耕作的农耕文化的传承,后者是供人游览的安乐闲适之地的逸园文化的接续。宋丽美[54]认为,要针对不同类型的社区空间问题,差异化地提出社区生活空间适宜性营建策略。

在人文方面,赵霞[55]认为,乡村要进行文化的价值重建,对传统乡村文化进行再认同，建立乡村文化与城市文化的"互哺"机制，并以先进文化引领乡村文化建设。吴理财等[56]认为，应通过优化乡村公共文化服务体系、完善乡村农耕文化传承体系、建构乡村现代文化产业体系、创新乡村现代文化治理体系，加快推进乡村文化振兴，为乡村振兴战略的实施提供文化推力和精神动力。张艳[57]认为，乡村旅游的本质是乡村文化，在乡村旅游开发中应注意强化浓郁的乡村文化意象。赵华[58]认为，乡村旅游与文化创意产业融合作为旅游业的一种创新发展形式，为旅游业注入了活力和生机。

通过对乡村的制度、产业、空间、人文四方面的理论阐述，可以看出当下学者的研究多有较强的针对性，鲜有人从宏观尺度将以上四个层面放在一起深入研究。本文将着重探讨乡村制度、产业、空间和人文四者之间的联系及其对乡村内生力的影响，以此探究提升乡村内生力的策略与方法。

二 乡村"共生圈"模式

由于我国城乡发展不均衡，资源一味倾向城市，致使乡村的发展受到制约，并引发了乡村人口流失、产业单一、基础设施差、空间利用率低、传统文化消失等问题。从根本上解决乡村发展的制约问题，是我们研究实践的理想目标。实际上，乡村遇到的众多问题多与乡村的制度、产业、空间和人文四层面的欠缺及其无法形成良性的联系有关，久而久之乡村活力尽失，内生力日渐衰弱。所以，重建这四个层面的良性联系，互相形成正反馈，使得四个层面可以共生发展和协调优化，是提升乡村内生力焕发其活力的关键所在。即本章接下来要提出的概念乡村"共生圈"模式。

1 乡村"共生圈"模式

共生是大自然普遍存在的现象。有关"共生"的概念，目前公认最早由德国微生物学家德贝克所提出：不同生物之间通过互利共生、寄生和偏利共生等方式密切生活在一起。[59] 到了20世纪中叶，共生理论被引入其他学科领域，以"发展、合作、互惠、共赢"等理念为核心，表明事物之间通过合作形成稳定的共生体来适应外部环境的变化。[60] 同样，乡村系统与大自然系统一样，也存在共生现象。单一提升乡村的某一薄弱层面无法系统地解决乡村问题，要抓住乡村"共生圈"的各项"要素"，梳理其中的共生原理，使乡村"共生圈"各层面互相制约互相影响并形成正向闭环，以解决乡村的各类问题。

本文将乡村制度、产业、空间、人文类比到生态系统中（图4-1）。其系统性体现在两个方面：一是对乡村这一复杂有机体的整体性考量，将制度、产业、空间和人文四个层面作为乡村系统的组成要素，来分析其相互间的共生关系对乡村整体内生力的正向影响；二是对重构乡村四个层面关系的系统性考量，基于发展先后逻辑来对乡村各层面制定提升策略，以"先发展先改善"的层面来引导"后发展后改善"的层面，从而构建各层面间的良性联系并形成有机整体。

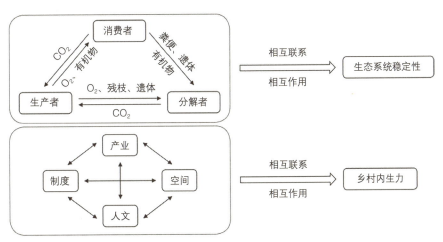

图 4-1　乡村内生力示意图

2　乡村"共生圈"模式的运作

乡村"共生圈"的模式构建包括两部分内容，即发展时序链和各层面优化。发展时序链的确定，可以为乡村建立四层面上的基础关系，以各层面的优化内容，来促进不同层面的正向反馈与良性互动，使乡村成为一个有机整体，以提升乡村内生力。

制度是乡村发展的基础。在乡村"共生圈"模式构建时，在对乡村进行实地调研并深入了解乡村现状的基础上，优先从制度层面着手，构建四个层面的关系，再根据不同乡村的基础情况，依次从产业、空间、人文三方面确定发展时序，以此来构建乡村的发展时序链。目前，我国乡村被分为四种类型：聚集提升类村庄、城郊融合类村庄、特色保护类村庄和搬迁撤并类村庄。不同类型的村庄发展侧重点不同，如集聚提升类村庄的发展重点，在于村庄自身特色产业及其他优势的提升；城郊融合类村庄的发展重点，应考虑城乡产业融合，基础设施共建共享，交通设施互联互通等，和城市共同发展；特色保护类村庄，则是重点保护村庄特色，如丰富的历史资源、空间、人文情怀和文化传承等。下文提到的福建省钟腾村即为聚集提升类村庄，在优化制度的基础上，从村庄的发展侧重点出发，即产业为时序发展链的第二阶段，空间与人文依次为第三和第四阶段，从而构成"共生圈"的基础。

系统层面的发展时序链构建完成后，各层面的优化内容开始成为重要举措。本文将有针对性且细致地逐一制定各层面的内容，以期对下一层面产生带动作用，共同促进乡村"共生圈"的发展。以聚集提升类村庄为例，制度应为产业、空间、人文打好坚实基础，主要优化内容应集中在产业的发展、空间的利用、人文的传承以及完善乡村治理体系的相关体制。从产业层面来说，乡村的产业不应拘泥于现有产业，而要三产融合、多产共生，完善村庄产业链，从而促进下一阶段空间层面的优化。从空间层面来说，合理利用乡村灰色空间，改善人居环境、提升空间利用率等，不仅有承接产业发展的作用，而且可以调动村民人文精神方面的积极性，可以更好地保护与传承历史文化。乡村人文情怀通过乡村的主人——村民积极参与并正向宣传后，可以使村民的归属感大大提高。村民的归属感与文化自信得到提高后，村民便会积极参与到乡村的建设中，反向促进乡村制度的完善，从而形成良性闭环。

然而在现实中，乡村"共生圈"的四个层面并不是单一的线性关系，制度会影响产业，也会影响空间与人文，产业也不仅只影响到空间，也会影响到制度和人文，只是影响的程度深浅不一。乡村"共生圈"各个层面相互影响，深度耦合，紧密联系，乡村的内生力也会在这个过程中逐渐提升。

三 实证研究——以福建钟腾村为例

为了验证激发内生力创建共荣圈的乡村发展模式，本文选取了福建省漳州市平和县钟腾村为例的概念策划来做实证分析，此概念规划由作者和另外一位老师，共同指导厦门大学规划系学生完成，该作品获得了由中国城市规划学会举办的2019年全国高等院校城乡规划专业大学生乡村规划方案竞赛中乡村调研及发展策划单元二等奖（一等奖空缺）；以及由两岸城乡统筹规划暨产业联合会、台湾都市计划学会、台湾桦晟集团城乡事业部、台湾皇延创新股份有限公司等单位共同举办的2020年"TEAM20两岸建筑与规划新人奖"大赛城乡规划组 Exceptional Honor 奖。

> 作品名称：多元协同柚导共生——福建省漳州市平和县钟腾村村庄规划
> 指导老师：王量量、镇列评
> 参赛学生：尚小钰、陈潆馨、沈洁、尤天宇、汪瑜娇、杨舒阳、金治廷、梅婕

1 钟腾村现状及问题

钟腾村位于福建省漳州市平和县往西26公里处的霞寨镇西北部，东西两侧皆为山体，溪流纵穿全村。东连龙海、漳浦，西邻广东大埔，南靠云霄、诏安县，北接永定、南靖县，素有"八县通衢"之称，村域总面积有741公顷。

1）历史沿革

钟腾村原名为铜陵，源于村域丰富的铜矿资源以及远至宋代的悠久采铜史，又称大坪铜场。村民以黄姓为主，据《铜陵十二世心省公世系》记载，铜陵黄氏为江夏黄氏大宗衍派。黄氏始祖质斋公于元顺帝至正二十六年（1366）迁居大坪，传二十七代。这使得大坪成为闽粤地区黄氏最大的聚居地之一，也是台湾及海外侨胞黄姓重要的祖籍地。派属大坪四世祖保童公的后人——黄氏心省公于公元1680年左右迁居铜陵，为铜陵开基祖。自开基以来，已有三百多年，传十六代（13-26世）。铜陵黄氏在科举时代功名斐然，有秀才、举人、进士数十人，其中第十六世黄国梁公（1756-1795），在清乾隆四十六年辛丑科（1781）殿试钦点武榜眼及第，封御前侍卫郎。至民国，铜陵黄氏人才辈出，多人在政府中担任要职，在新中国成立前族居台湾，成为平和县涉台渊源的重要组成部分。

解放战争时期，由于闽西南特委秘书长兼《前驱报》社长、闽南特委副书记钟骞等人在铜场山上坚持革命，不怕牺牲，村里红色史迹卓著。为纪念革命烈士钟骞等人，1953年起铜陵村更名为钟腾村。

钟腾村经济作物以琯溪蜜柚为主，另有烟叶、生姜、甘蔗等。此外，铜、硅矿产等资源丰富。钟腾村在1966年兴建平和铜矿，1970年5月投产，1983年2月因逐年亏损而停产。十余年间共产出4530吨金属铜（部分年度产矿量占福建省总产铜量的80%以上），万吨硫和部分金银贵金属，使得钟腾村获得了繁荣发展。随着国家对生态环境保护力度的加大，对小型采矿点予以限制。2002年，该矿改为民营，主要采选铜和钼，目前钟腾村已经停止开采。

2012年钟腾村被国家住房和城乡建设部、文化部、财政部联合公布列入第一批中国传统村落。后列入第六批"中国历史文化名村"，拥有革命红色老区重点村、福建省生态村和漳州市十大最美乡村等美誉。

2）村组及人口

钟腾村下辖自然村18个，分别为寨后、大沓、凤尾、黄井岭、乾田湖、粗坑、余庆、亚贝、楼内、楼外、后门、后平、章厝、径仔、挖仔、桐树科、一联、赤竹坪。总户数为665户，户籍人口为2344人。

其中，户籍男性人口为1169人，户籍女性人口为1175人，户籍学龄儿童为117人，户籍老年人口300人。常住人口中的男性人口为750人，常住人口中的女性人口为944人，常住人口中的学龄儿童人口为103人。外出人口约650人。目前村中空置户数为65户，有资格拥有宅基地的户数为665户。纯农户数为560户，低保户和五保户数为76户。

从村中常住人口的教育结构上看（图4-2），常住男性人口中，初中教育水平的人数占44%，小学教育水平的人数占32%，大学教育水平的人数占比几乎为0。而常住女性人口中，"其他"教育水平的人数占比明显比男性多，是因为"其他"教育水平包含了未受教育以及学前教育两类，女性未受教育人数比男性多。常住女性的小学教育水平人数与初中教育水平人数相当，高中教育水平人数依然较少。整体来看，村中常住人口的教育水平结构主要为初中和小学教育水平，只有近10%左右的人接受过高中教育，近一半以上的人是小学及以下的教育水平，受教育程度较低。

从村中常住人口的年龄结构上看（图4-3），各年龄层次的人口较

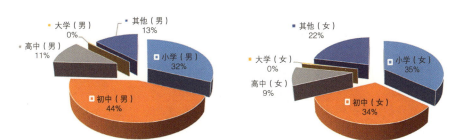

图4-2 钟腾村人口教育结构分析图（左为男性，右为女性）

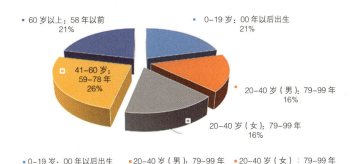

图4-3 钟腾村人口年龄结构分析图

为均匀，60岁以上的老龄人口占比21%，20-40岁的劳动力人口占比为32%，0-19岁的人口比例与老龄人口相当，41-60岁的劳动力较弱的人口占比26%。整体来看钟腾村的年龄结构较为均衡，劳动力人口比例不是很高，仍面临着劳动力外流的问题。

3）历史建筑资源

钟腾村古建筑有23处，近现代建筑有83处（图4-4）。原为土楼村落，全村村民集中居住在土楼，所以村落古建筑主要是土楼和相关设施如井塘沟涵，土楼之外为数量有限的坛庙、祠堂、私塾、合院民居。新中国成立后由于人口激增，特别是1966年后平和铜矿建设，涌入1000多人，相当于多了个钟腾村，这促成衍生式土楼民居即一字土楼大量出现，即单元院落式和单元披屋式两种一字土楼。除了一字土楼以外还有众多近现代工业建筑，如矿厂、办公楼等。

钟腾村所有建筑中最为重要的历史建筑为"一府三楼"（即榜眼府第、余庆楼、朝阳楼、永平楼）以及榜眼书塾。其中榜眼府第具有较高

图4-4 钟腾村历史建筑分布图

第四章　乡村内生力

的艺术价值，采用木雕、砖雕、石雕、彩绘等艺术手法进行装饰，雕刻和绘画汲取民族文化和民间艺术的养分，内容极其丰富。榜眼府始建于清朝乾隆庚戌年（1790年），是福建省重点文物保护单位和省重点涉台文物，府第雄伟壮观，占地面积达十余亩，也是漳州市民间仅存的清朝宫殿式古建筑。[61] 而余庆楼、朝阳楼、永平楼则是土楼建筑，被公布为平和县文物保护单位。朝阳楼还是黄国梁祖居，民间相传该楼始建于明代，但应为清代建筑；永平楼位于朝阳楼北侧，是钟腾村年代最为久远的土楼；余庆楼位于永平楼西北角，是三座土楼中建筑年代最迟的一座，于清嘉庆元年（1796年）落成，为三层单环、单元院落式土楼，内圈正方形，外圈方形圆角；钟腾村朝阳楼东侧溪边为私塾建筑群，俗称"下学"，整体坐西朝东，布局灵活，由南至北三栋四院落九间。[62]

4）经济产业

目前钟腾村出现了人口大量流失、产业收益逐渐减少甚至亏本、旅游业发展低迷、土地和历史建筑空置等问题（图4–5）。通过对钟腾村的深度调研，发现其根本原因是产业发展低迷，以及各个层面无法形成有效联系。从钟腾村产业宏观环境来说，由于钟腾村上下游市场承载力弱，上游市场仅有柚子经销商，下游市场又缺少柚子加工产业。在近些年柚子市场价格逐年降低的情况下，钟腾村的蜜柚产业难以应对价格波动。从钟腾村内部蜜柚产业上看，其主要问题在于产业结构单一，仅有蜜柚种植这唯一产业，

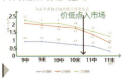
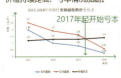

图4-5　钟腾村问题解析

并且种植品种仅有琯溪蜜柚，销售渠道也只有卖给柚子经销商这唯一渠道。蜜柚价格一旦波动，村里整体收入也会受到很大影响。与此同时，钟腾村的柚子价格面临着低价竞争的困境。其原因在于别的省近年引种了平和蜜柚，因地理环境因素促使柚子早熟并以平和蜜柚的牌子提前上市，导致钟腾村柚子成熟的时候不再具备竞争优势，柚子价格整体降低。在这种情况下，村民会争先恐后地把自家柚子抓紧卖出免得滞销，导致收购商有机会进一步压低柚子价格。由于以上产业的困顿，导致大量年轻劳动力外流，村中剩下的都是老年人和文化程度不高的人，他们无法解决当今村庄产业的困局，也无法合理利用、活化村中的历史建筑。

5）问题总结

随着时间的推移，历史建筑空间闲置甚至毁坏，村民对村庄的历史认同感、文化归属感逐渐减淡。在制度方面，缺少针对乡村产业发展的规划、扶持政策、人才吸引以及闲置土地有效利用等政策，也缺少对村民的教育宣传，无法调动村民的积极性，缺乏村民自治的潜在思维。除此之外，钟腾村目前留下来的人群之间还是处于缺乏组织的阶段，各户个体都是独立的社会关系，人与人之间没有建立起共同的组织关系，且村民之间互不信任、各自发展、缺乏凝聚力。不管是在产业发展上，还是在村庄建设上，整个村庄仅有村委会这一管理组织，缺少乡村发展形成社会共同体所需要的制度以及内部组织小组。同时也缺少促进村庄产业发展、生态保护相关的制度条约。

由以上分析可知，钟腾村现阶段主要问题是产业方面，产业无法得到有效发展，使得其他层面也相继受到影响，再加之钟腾村空间、制度、产业和文化四个发展要素之间相互阻碍发展，导致钟腾村四个层面的发展均受到制约，所以乡村的内生力逐渐减弱。

2 钟腾村"共生圈"的构建

基于目前村落的空间、制度、产业和文化四个发展要素之间相互阻碍发展，以及村委、村民等各发展主体相互制约的问题，引入协同进化理念，希望各发展要素之间可以相互依赖、促进，形成稳定的乡村结

第四章 乡村内生力

图 4-6 钟腾村规划目标

构,从而进一步诱导各发展主体之间形成共生圈,实现乡村自生式发展(图 4-6)。在此基础上,针对钟腾村提出四方面规划策略,首先通过制度重建形成社会共融,由此带动产业升级形成经济共荣,接着推进空间改造形成空间共联,进一步加强活力延续形成文化共兴,文化共兴又将进一步推动制度完善,最终实现乡村自组织式发展的良性循环,形成乡村共生圈,变成自生式村庄。

1)制度重建

在制度重建方面,从"内外运行机制""乡约缔造""土地流转""项目机制"四个方面入手(图 4-7),来重新构建乡村制度,吸引人才、资金回流,为产业发展进行制度扶持。内外运行机制,即通过景区联动和产区联动形成区域联动。景区联动,是指将区域内景区如三府一楼、三平风景区、东岩山风景区、南靖土楼景区、西岩山森林公园以及高峰生态谷等串联在一起,形成完整的景点链;引入蜜柚相关加工产业及"体验+教育"乡村旅游项目,制定多种农业模式运行策略,打造钟腾村技术种植农业、文创农业和体验农业,并将其结合在一起,形成产区联动。乡约缔造,即村长、村干部、乡村规划师共同协助监督打造乡村共同体,制定新乡约、空间再认知土地流转方案、空间活化利用产业策划方案、各类文化交融、山水林的建设利用范围及保护机制等,以此达到村民自治的目的。土地流转,即有柚园的村民通过合作社规模化经营、土地出租、土地入股等方式获得收益,无柚园的村民则通过土地入股、先租赁土地后合作社规模化经营获得收益。项目机制,即经过项目入驻、租赁期限、阶段考核等系列步骤确定项目的去留。通过设置产业项目入驻机制和土地流转机制,为钟腾村蜜柚产业升

图 4-7　制度重建示意图

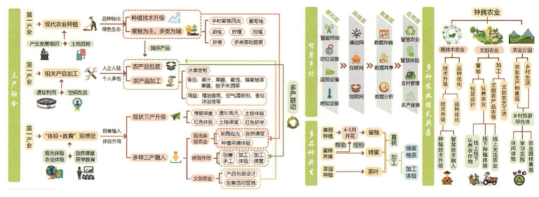

图 4-8　产业升级示意图

级及土地流转引入提供保障；通过乡约缔造，设置村民自治组织机制，以村民形成的各村民小组来对乡村发展进行维护。

2）产业升级

在产业升级方面，从"三产融合""智慧乡村""多品种共生""多种农业模式共存"四个方面入手（图 4-8），来升级产业结构，多产融合发展形成资金循环。三产融合，一产引入现代农业种植技术，以蜜柚为主，多类为辅，为二产提供产品；二产则通过遗址利用和空间改造的手段将相关产品进行加工，并吸引企业入驻、个人承包等方式来完善农产品包装和加工；三产则以"体验+教育"双感受为基础，对现状三产升级并融入多样三产，如观光体验农业、体验作坊、文创农业等。智慧乡村，将智能技术引入乡村，通过感知层、网络层、数据层、应用层实现智慧农业、智慧体验、云村管理及农产连锁等，让乡村更加现代化，产业更加高效化，收益达到最大化。多品种共生，即果园种植、蜜蜂养殖、茶

图 4-9 空间改造示意图

园种植等方式将第一产业多样化,后期通过直销和加工的方式联动二三产。多种农业共存模式,规划未来钟腾村农业分为三大支,高技术农业、文创农业、农业公园,并通过智慧引入、文创加工、乡村旅游等灵活的方式激活乡村的农业发展。

3)空间改造

在空间改造方面,从"院落模式""改造策略""街巷空间整合""建筑形式改造"四个方面入手(图4-9),来形成空间共联机制,打造舒适宜居的乡村环境。通过体块连接、空间重组、院落围合、功能拆分四种设计手法将村内的场所修复空间再造,使空间共联,居、游、商、学、娱融为一体。对于院落模式,可以采用前商后住、下商上住、前商后创的方式来营造设计,对其改造的策略秉持着建筑条件差且影响使用的拆除,建筑条件一般的维持延续现状风格,建筑条件较好且有发展价值的予以保护的原则。建筑形式的改造方面,可根据每个建筑情况不同,分别进行针对性改造与设计。如围合,可以增强空间感提高使用率;补充,新建建筑体块,赋予更多使用功能;连接,连接分散的建筑,提高建筑整体感;营造,改建建筑形式,营造空间广场。街巷空间整合方面,有以下四种设计方法:路径增强(拆除遮挡道路建筑,修筑拓宽通行道路),街面整合(打破道路分离状态,完善街面连接度),空间释放(路中间建筑拆除,置换绿地开拓视野);形式重建(凌乱建筑适当拆建,赋予新建筑功能)。

4)活力(人文)延续

在活力(人文)延续方面,从"共同缔造、内容及目的""多元文化共融""文化推广""活动策划"四个方面入手(图4-10),来营造包

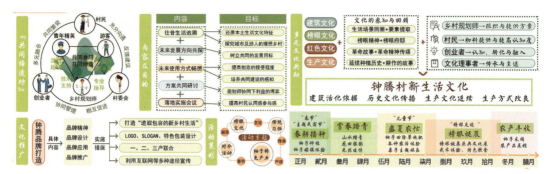

图 4-10 活力（人文）延续示意图

容的文化氛围，促进邻里关系，从而传承和发展多元文化融合而成的钟腾新文化。共同缔造坊，即乡村由村民、村委会、创业者协同管理，充分沟通相互促进；由青年精英、乡村规划师、游客提供技术支持、专业指导及经济来源，由两个群体共同参与缔造本土活力。集结以上这些人，来对乡村往昔生活追溯、共探未来发展、落地实施会议等，达到还原本土生活化特征、探究城市及游人的理想乡村、树立发展目标、提高村民认同感等目标。文化推广方面，致力于钟腾村品牌打造、特色包装的品牌设计、一二三产联合的品牌应用、互联网等多途径宣传的品牌推广。活动策划，即对乡村的各类文化融合传承并举办相关主题活动，如有关季节的时令活动，有关娱乐和文化的榜眼主题活动，有关文化传承的传统习俗主题活动，有关产收与季节的柚子特色产业主题活动。钟腾村文化要素众多，通过对建筑文化生活场景回顾及要素的提取，榜眼文化的榜眼精神和府邸的挖掘，红色文化革命精神的传颂，生产文化的种植历史及耕作的故事的传扬，再加上乡村规划师、村民、创业者以及文化理事者共同参与，促成钟腾村新生活文化——建筑活化依据、历史文化传播、生产文化延续、生产方式改良。

5）空间落实

为实现乡村共生圈的四大共生要素，即社会共融、经济共荣、空间共联、文化共兴（图 4-11），我们选取了钟腾村的六个节点来逐步实现这四个要素的空间支撑，并完善公服配套以及市政设施，实现各主要节点的功能置入。

第四章 乡村内生力

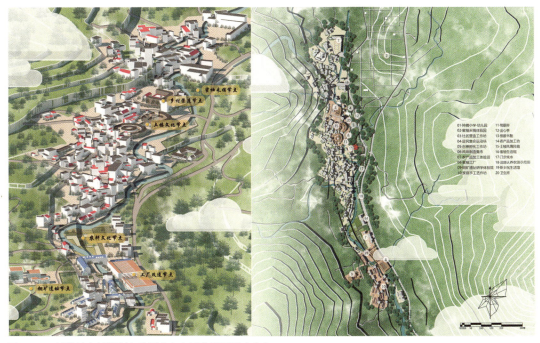

图 4-11 钟腾村乡村规划鸟瞰图（左）及总平面图（右）

6）保障机制

钟腾村的"共生圈"模式是提升其内生力的重要举措，为保障乡村"共生圈"模式的运行，钟腾村应结合国家相关政策制定相应的保障机制（图4-12）。组织领导上，以村委会主要牵头领导，联合全村村民建立自治小组，包括产业发展小组、空间整治小组和人文发扬小组，以此对接"共生圈"模式中产业、空间和人文的优化发展和协调。产业发展上，需落实上级给予的村庄建设补助，设立财政专项资金重点支持产业发展，积极运用市场化手段引导产业合作社与社会资本的融合。人才教育上，既要定期对各自治小组成员进行相应的专业教育和乡村

图 4-12 保障机制示意图

自信培养，也要进一步推动人才引进，实行"一人一议"。此外，还应建立乡村建设工作联席大会，村委会和各小组代表需定期对钟腾村建设过程中的重大事项和问题进行研究讨论，加强政府各项政策与乡村"共生圈"内容的衔接，保障该模式的各项内容按照时间节点和发展计划有序推进，从而保障"共生圈"模式的运行。

四 结语

随着乡村建设改革的深化，乡村发展重点正在经历由环境整治转向环境治理的阶段，引导与培育乡村发展内生力逐渐成为乡村发展的阶段性目标。乡村也如生态系统一样，有自己的"共生圈"，如何找到产业、制度、人文、空间要素之间的共生链是每个乡村亟需解决的问题，也是提升乡村内生力的核心所在。现阶段我国的乡村仍存在诸多问题，主要与乡村的发展受到四个层面相互制约、发展重点不清晰、落地缺乏切入点等有关。本章以提升乡村内生力为目标，通过构建乡村"共生圈"，即"制度、产业、空间、人文"四层面之间的高质量共生关系，深度剖析乡村发展的内核，挖掘各层面的营造策略和设计手法。

最终通过构建四个层面发展的时序链及各个层面自身的优化内容，使得不同层面之间可以相互带动、共同发展，激发不同层面之间的正反馈效应，从而使得乡村能够形成有机整体，促进内生力的提升。这样的乡村"共生圈"模式一方面补充了现有研究对乡村不同层面间联系的空缺，另一方面也为目前内生力薄弱、问题繁多的乡村提供一条重构乡村四个层面良性关系与提升其内生力的新思路。

图表说明：
本章图均来自《多元协同柚导共生——福建漳州平和县钟腾村村庄规划》，绘图：尚小钰、陈潆馨、沈洁、尤天宇、汪瑜娇、杨舒阳、金治廷、梅婕。

第五章
乡村社会网络

21世纪世界发展迅速，全球化、城市化、工业化、信息化进程引起了人类社会的多项变革，导致了多项工业结构转型。21世纪初至今是网络发展的黄金期，后工业时期网络交流方式的发展和普及促进了社会的紧密结合，新沟通工具的流行扩宽了新的沟通途径，人与人、地区与地区间的交往都变得更加多样多元。可以看出，任何区域的发展都是在一个开放的系统内进行的，内部元素亦彼此密切相连。

在城市化加深、人口流动变快、城乡边界逐渐模糊、亲缘关系日渐淡漠的背景下，拥有丰富内涵的社会网络理论在如何对城乡规划做出修补和优化、改善乡村空间结构关系、组织邻里单位及调整乡村建设肌理等方面有着重要意义。与此同时，社会网络理论可以改善乡村民生，而乡村封闭内聚的同质化社会网络会在一定程度上阻碍其产业升级。通过乡村旅游、互联网电商等手段，可以对乡村贫困个体予以产能提升提高经济效益，达到精准扶贫的目的。

乡村相较城市，其社会网络成员大多来自同一个社区，存在以血缘关系为纽带连接的聚居地，行为个体间彼此熟识，拥有更高的网络密度。由于乡村基础设施匮乏、交通环境简陋等问题，往往难以获取数据。国内外不少学者已经针对城市网络进行了深入研究，而在乡村网络方面的研究则较少。本文拟通过对具体案例的分析研究，从乡村社会网络结构的调整和重构入手，探索分析社会网络视角下的乡村营建策略与方法。

一　社会网络理论与分析

1　社会网络理论

社会网络理论于20世纪30-60年代产生萌芽，是与社会学、哲学、统计学、人类学等多项学科有机结合发展而来的综合概念与方法，是一门研究个体与群体关系的科学。[63]

社会网络，指群体中的行为主体以及群体关系的集合，主要包括"连接关系"和诸如观念、情感、文化的"传染物"，传染物沿着连接关系流动，建立起社会网络的结构形态。[64, 65] 结构充当起社会网络中的行为媒介，与行为主体产生连接，连接的数量、密切程度通过相互作用表现出来。个体之间、个体与群体、群体与群体间彼此关联，互相影响，大体呈放射状，情绪观念、行为规范、目标愿景等都能沿着社会网络流动开来。

2 社会网络分析

社会网络分析研究是以研究社会行动者之间的互动为基础的结构性方法（SNA），对各种关系进行精确的量化分析以构建行为或空间模型。[66] 分析手段主要包括：形式化描述、模型和理论的评估与检验。应用于建筑规划设计时，侧重于研究宏观尺度上的区域发展、中观尺度上的枢纽空间、基础性设施、微观尺度上的街道公共空间等。其中的更新规划类研究，按社会网络模型形式可分为空间网络和社群网络。[63]

在社会网络分析中，行动主体的关系结构是分析的重要部分，能够衡量网络结构的关联性、整合性和连通性等整体特征。其分析指标主要包括规模、关系强度、网络密度、关系内容、位置、节点度等。[67]

（1）网络规模，指关系网络行为主体与其他行为主体之间社会关联的数量。特定性行为主体所具有的社会联系数量越多，在网络中的重要性就越高。

（2）网络密度，指网络中实际关系数量与理论最大可能关系数量的比值，密度值越大，说明实际关系越向网络最大关系数量值靠拢，网络对其中节点产生的影响就越大。[63, 67]

（3）关系强度，指网络中形成社会联系的行动者之间关系的密切程度。根据关系的强弱，将社会关系划分为弱关系、强关系和无关系三种类型。强关系是群体组织内部的联系，滋长了地方的凝聚力，但也导致了社会整体的碎片化。[67] 弱关系是在群体间发生的，是个人取得机会与社区从事整合不可或缺的因素，比强关系更加开放，能够充当信息桥。[68]

（4）凝聚子群，指在社会网络中存在的一些关系紧密的小团体。同一小团体内部具有稳定和紧密的联系，而在小团体外部的联系则相对薄弱。当凝聚子群密度过高时，容易出现"大团体散漫，小团体内聚"的现象。

二　广东省江门鹤山市古劳水乡概念规划

为了验证基于社会网络修补的乡村规划模式，本文选取了广东省江门鹤山市古劳水乡概念规划来做实证分析，此概念规划由作者和另外一位老师共同指导厦门大学规划系学生完成，该作品获得了由广东省规划设计研究院举办的 2017 年南粤杯联合毕业设计邀请赛的第三名。

> 作品名称：《缘起——基于社会关系修补的规划设计（广东省江门鹤山市古劳水乡概念规划与设计）》
> 指导教师：王量量、文超祥
> 参赛学生：肖颖禾、杨彬如、潘文筠、易俊飞、张坤、张钰

1　案例概况

1）区位解读

基地位于华南七省中部的古劳镇，是鹤山市北部的滨江地区，处于香港、广州、深圳等城市辐射范围内，是沙坪城镇发展的空间延展地和功能补充。通过麦水工业区的建设，古劳水乡与龙口镇集聚发展工业，并与佛山市高明区共同依托西江水道进行了区域性生态廊道和道路交通设施的建设，具有强大的发展潜力。但在微观尺度下基地周围的交通基础设施薄弱，尚无区域交通设施，仅有龙口客运站与鹤山客运总站为主要的交通站点，如图 5-1 所示。

2）历史渊源

古劳镇，始建于南宋咸淳元年（1265 年），距今已有七百多年历史。相传由古、劳两姓祖先合资兴建，故名"古劳围"。历史上曾经分别隶属肇庆府、鹤山县等。

由于清代堤围修筑与水运发展，古劳成为鹤山地区早期经济迅速发

图 5-1 古劳水乡区位分析

展的地区之一，形成商埠中心。作为珠三角典型的南国水乡，古劳镇民间建筑结构独特且别具一格，石板桥、石板小路和埠头遍布水乡。在历史发展进程中，梁赞故居、李氏故居、胡蝶故居、冯怀三故居等更是为其增添了丰厚的文化底蕴。北宋大文豪苏东坡被贬南下的途中，也曾在此下船驻足，留下"流连不能去"的诗句。古村落、名人故居、石板桥、祠堂与古墓、窑址等共同见证着古劳的历史、现在与将来。

3）人文底蕴

古劳人文历史遗产丰富。鹤山狮艺是广东省非物质文化遗产项目之一。龙舟文化是水乡的精魂。每年的农历初三、初四两天，乡民会在沙坪河升平墟及三夹的流段举行龙舟竞渡。三夹龙舟竞渡已有300多年历史，是鹤山水乡盛事，每年都有华侨、港澳同胞专程回乡参加赛事。"三夹腾龙"也是鹤山新八景中最独特的人文景观。

作为咏春一代宗师梁赞与粤剧名将吕玉郎的故乡，古劳也始终流传着咏春与粤剧文化。梁赞文化公园的建设与咏春文化节的举办都为其文化保护和发展带来了巨大的推动作用。

古劳镇有着源远流长的饮食文化，其中水乡鱼生、鱼皮角、鱼茸粥等更是远近驰名，独具百年韵味，深受广大食客的喜爱。而桑基鱼塘与果基鱼塘、蔗基鱼塘等不仅使古劳的农业得到兴旺，也形成了富有特色的鱼塘文化。

4）村庄现状

如图 5-2 所示，基地现状外来人口比重大，本地与外来人员有明显聚集区，超过一半外来人口聚集在镇区范围内，其余分布在工业区内，

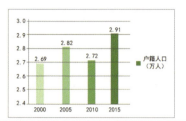

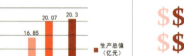

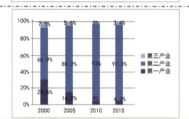

图 5-2 村庄现状分析

有相对集中的聚集区域，而本地人则多聚集在乡村，以农业生产为主，以宗族关系为纽带。全镇的旅游业为占比第三的产业，游客量约十万，呈点状分布，与其他人群交叉少，主要集中在主景点区域。

2 问题分析

经分析调查，古劳镇表现出两种社会情况，一是外地人、本地人、游客三种不同人群的各自内聚，二是不同村落的各自内聚（图5-3）。

人群的"大团体分散"具体表现为：镇子和村落的交通联系弱，传统活动仅联系本地人群，未能普及发扬并凝聚各类人群；一、二、三产业的也相对独立，缺乏生产资料联系。其"小团体内聚"具体表现为：外来人口以业缘关系为联系聚集于工业区附近，呈现出明显的聚落状；游客活动线路单一，主要分布于景点处，与当地居民少有交叉联系，呈现散点状。

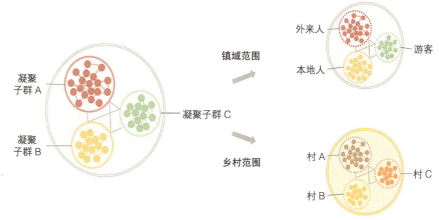

图 5-3 古劳镇大团体散漫、小团体内聚的社会情况

村落的"大团体分散"具体表现为：水乡地形的隔离使各个村交通不便，各村以生产小组模式进行农业生产，亦不利于各村间的生产合作。其"小团体内聚"具体表现为：以宗亲关系为主要纽带的传统差异格局的网络特性；公共空间、设施设置以村或墩为单位设置，缺乏中心性公共空间。

以个人为中心会形成一定的社会关系网络，首先是以血亲和宗亲关系为主的血缘关系，其次是以邻里朋友关系为主的地缘关系，以及以雇佣、生产合作关系为主的业缘关系。其中血缘关系为强关系，地缘和业缘关系为弱关系。

古劳镇的同质内聚性社会网络关系以强关系为主导，会造成一定程度的小团体相互竞争、资源信息共享较差的现象，也会导致公共资源被单一群体占用、生态资源过度消耗、信息获取渠道少、产业发展过度或同质化、群体矛盾加剧等一系列问题。我们要将同质内聚型社会网络关系改善为异质开放型社会网络关系，即是加强弱关系，扩大地缘和业缘影响力，使同质内聚型的社会网络关系向着异质开放型转变，达成开放合作式、信息资源全局共享的异质开放又稳定的社会关系网络（图 5-4）。

3 优化策略：基于社会关系修补的规划设计

上文分析了通过改善地缘和业缘来修补社会关系的可行性，具体有如下措施：在地缘上，通过改善交通，提升社会交往的便捷性；通过空

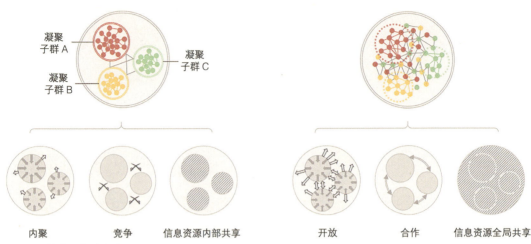

图 5-4　社会网络关系对比

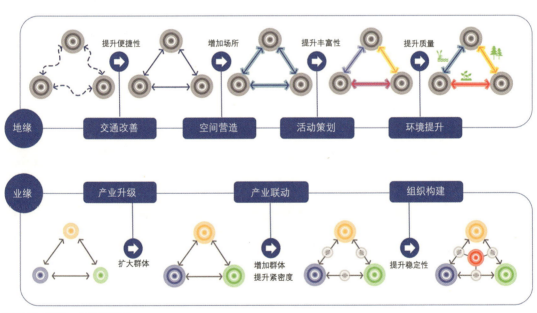

图 5-5　地缘、业缘策略图

间的营造来增加交往的场所;通过策划活动提升交往的丰富性;通过改善环境来提升社会交往的质量。在业缘上,通过产业升级扩大交往群体;通过产业联动增加群体,提升群体之间交往的紧密度;通过组织建构来提升交往的稳定性。基于以上社会关系修补,构建一个异质开放且稳定的社会关系网络(图 5-5)。

1）地缘

交通改善

在车行方面，古劳水乡的大多道路不利于机动车通行，阻碍村镇来往。后期规划时机动车道尽量从水乡边缘经过，既能减少对内部步行的干扰，又能联结聚落之间的交往交流；步行系统，现状水乡的石板路、塘基、聚居区内部道路构成了其步行系统，规划时应结合绿道组成水乡内部慢行交通网络，进一步完善步行系统；值得一提的是，水乡以水为特色，规划时可以以埠头为基础，疏通或拓宽水道，重新建立水路交通，丰富水乡的交通类型，突出水乡的特色与优势。总结来说，即通过机动车交通连接各个聚落以加强外部交流，以步行和水路完善内部交通丰富交通类型。

空间营造

空间营造即增加交往场所，现状古劳的公共空间有两种类型，一种是像梁赞文化公园这样的大型活动场所，另一种是居住片区内的小型公共空间，以上两种均存在数量不足和设施配套不全的问题。为满足不同人群交往需求，应将公共空间进行分类，并融入相应的活动，形成不同等级不同类型的公共空间体系。

根据古劳现状，可将公共空间分为三大类：生活型、旅游型和综合型。生活型针对当地村民和外来务工人员，人们可以在空间内进行运动、阅读、休憩、交往等活动；旅游型受众群体是游客，可以在空间内进行交通、宣传、餐饮、节庆、参观、景观等活动；综合型就是对大众开放（游客、当地村民、务工人员等），人群可以进行各类型交往活动，给游客和当地村民提供了交往交流的平台。

除了交往空间，还需要丰富交往内容。当地的龙舟赛和咏春文化节这类文化民俗活动不仅能调动居民的积极性，还能吸引游客和外来务工人员参与。因此挖掘特色文化，开展特色活动可以丰富社会交往形式。此外，应针对不同文化背景、不同喜好的人群设置不同的活动。传统民俗活动更倾向于本地人，交流娱乐活动倾向外来人口，通过这些活动来增加本地人与外来人口的交流互动，而游客则更多是参与体验各类活动。

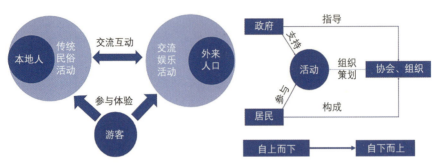

图 5-6　古劳镇人群区分图（左）和活动组织图（右）

最终实现不同群体内部和群体之间的深度交流。

活动的组织应由当地政府支持并指导各类协会、组织进行策划。居民既是参与者也是组成者，各协会、组织应由居民构成，活动也需要居民的参与，摒弃以往自上而下的模式，形成新的自上而下、自下而上相结合的新模式，长此以往，就会逐渐形成自发组织活动的氛围。

环境提升

一个高质量的环境空间可以吸引更多的人群进行社交活动。环境的改善对交往质量的提升有着极高的助力。首先，打通水乡鱼塘的水系，提升水体净化能力。其次，设置小型的污水处理装置和垃圾收集点，解决生活污水和生活垃圾的污染问题。再次，通过划定生态保护区、制定完善的保护机制来保护生态不受破坏，实现可持续发展。最后，通过宣传、观念普及使居民形成自下而上的生态保护意识，让居民自发地将生态理念融入平时的日常生活中。

2）业缘

产业升级

古劳镇目前一、二产都有了一定的规模和方向，而旅游尚无明确定位。通过对整个珠三角地区的旅游业发展情况进行研究，再结合古劳的旅游资源现状，以及周边旅游发展情况，探索周末节假日的短期体验式亲子旅游。这样较适合古劳的旅游发展，能避免产业发展同质化，同时可作为新元素促进一产生态农业、二产特色工业的发展。

基于上位规划对古劳镇的定位，在现状产业的基础上，得出新的产业定位，对未来产业进行升级。绿色农业（一产），依托现有蔬菜基地及鱼塘，在保持蔬菜规模化生产的基础上，发展绿色蔬菜种植。鱼塘则恢复和发展桑基鱼塘的循环农业模式，并与旅游体验结合，打造江门、佛山地区的绿色蔬菜生产基地和农业体验旅游基地。绿色工业（二产），引入高新技术企业，保留和发展现有支柱产业印刷业，鼓励传统酱油生产产业升级，与旅游体验结合发展，并结合特色产品发展农产品加工企业，延伸本地产业链；此外，将工业用地整合集中，减少对水乡环境的影响。亲子旅游（三产），古劳旅游资源丰富，但缺乏竞争力。因此，面向珠三角地区创新性发展短期亲子体验式旅游，结合当地资源，从风景观光到文化体验包含各种旅游类型。

产业联动

产业之间应通过相互联动互促发展融合。一、二、三产联动，实现生产资料的传递，延伸产业链。比如，绿色农业不仅可以为农产品加工提供理念，还可以为农业体验提供场地和产品；特色工业不仅为农产品加工提供工艺，还可以为手工体验提供场地和工艺；同理，亲子旅游也可以为农业体验和手工体验提供客源，也从侧面促进特色农业和特色工业的发展。

其中农产品加工通过延伸农业生产产业链，增加农产品加工业并提升附加值，并通过合股经营增加居民收入；农业体验以生态农业为基础，开展面向家庭的亲子生态农业体验旅游，包括参观、科普、采摘、制作和试吃等一系列活动；手工体验则依托当地原有的传统工业和文化习俗，开展各种类型的手工体验，包括从传统调味品制作过程体验到文化产品制作等各类型手工。以上措施均可以提升古劳镇的吸引力，增加群体交往的紧密性。

组织构建

产业发展的组织构建可增强群体稳定性。在农业组织方面，采取三权分离的模式，将所有权、监督权、经营权归属不同群体，政府负责监督和推动，企业主管经营，农户参与经营，管理委员会领导组织活动，NGO（非政府组织）为产业发展提供技术支持（图5-7）。在产业的资金分配模式方面，开发资金来源于政府投资、企业融资和当地居民众筹，获得的利润除去经营成本,净利润分三部分,除去股金分红,剩下用于完善基础设施,提高生活保障(图 5-8)。

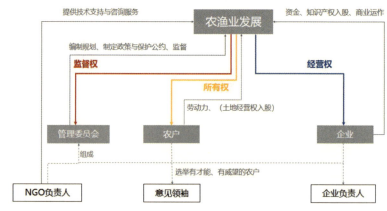

图 5-7　农业组织模式图

综合上文所述,即企业经营运作,提供资金、提供技术与原料、负责统一收购与销售以及推广科研教育等;农户负责生产参与经营,包括了解当地资源环境、提供充足劳动力及土地经营权入股;社会组织提供协助,包括参与管理委员会、提供技术支持与各类咨询服务和推广科研教育。

在旅游开发方面,采取政府、企业与居民合作的合股模式。大体与农业组织模式类似,但融入了旅游开发管理常务委员会,由旅游开

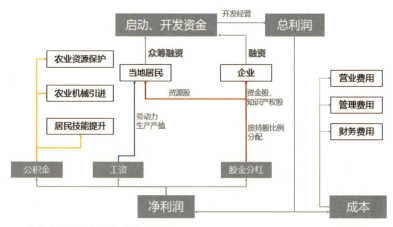

图 5-8　农业生产利益分配模式图

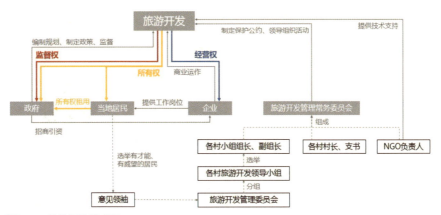

图 5-9　旅游开发模式图

发管理常务委员会制定保护公约、领导组织活动，具体开发模式如图 5-9 所示。

旅游开发利益分配基本与农业生产利益分配相似，过程中加入政府进行投资，即由政府开发主导，提供优惠政策支持、资金支持并起到引导监督、稳定民心协调各方的推动作用；由企业负责运作，提供资金、开发经营技术，培训服务技能和提供就业岗位；由当地居民参与运营，了解当地资源环境，经营农旅结合项目，提供充足劳动力以及保持其原真性；由社会组织配合，比如旅游开发管理委员会和 NGO（非政府组织）等，具体如图 5-10 所示。

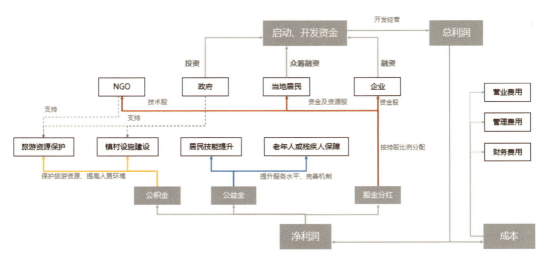

图 5-10　旅游开发利益分配模式图

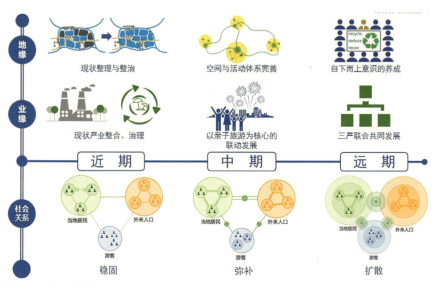

图 5-11 行动计划图

综上所述，即通过加强地缘和业缘逐步改善社会网络关系。近期可以对现状产业进行整合与治理；中期对空间与活动体系进行完善，以亲子旅游为核心联动发展；远期强化村民自下而上集体意识的养成，推动三产联合共同发展。最终实现近期稳固、中期弥补、远期扩散的目标，从而形成异质开放的社会关系网络（图 5-11）。

三 概念规划

1 地缘空间规划

镇域交通规划：改善交通以提升社会关系交往的便捷性。古劳镇大多道路均不利于机动车通行，阻碍村镇间的相互来往。如图 5-12 所示，我们考虑将机动车道集中于水乡边缘，减少对内部步行系统的干扰，并拓宽部分原有道路，提高道路质量，添加道路连接构成车行交通网络；在石板路、塘基、聚居区内部的道路构成了水乡的步行系统，结合景观建设慢行交通对其加以完善。以埠头为基础，疏通或拓宽水道，重新建立水路交通，并设置补给驿站，建设交通换乘点。

第五章 乡村社会网络

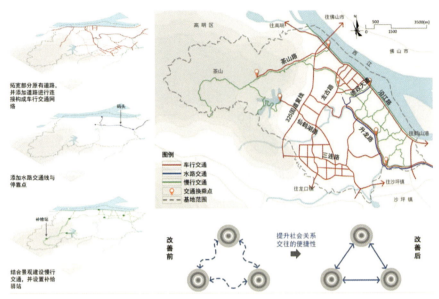

图 5-12　镇域交通规划图

镇域公共空间规划：营造空间以增加社会关系交往的场所。现状古劳镇的公共空间有两种类型，一是像梁赞文化公园等大型活动场所，二是居住片区内的小型公共空间，存在数量不足和设施配套不全的问题。如图 5-13 所示，为满足不同人群交往需求，将公共空间进行分类，通过保护传统建筑（故居、宗祠）、古树及生态湖泊、梳理村镇路径等形成村民生活与工作中心聚集点，在旅游资源组团中布置空间节点，形成完整的多等级、多类型的公共空间体系。

镇域活动规划：策划活动以提升社会关系交往的丰富性。当地的龙舟赛和咏春文化节等文化民俗活动不仅能调动居民的积极性，还能吸引游客和外来务工人员参与。如图 5-14 所示，可以通过挖掘特色文化，开展特色活动来丰富社会交往形式。围绕保护传统文化习俗及各类资源，以此为背景组织活动内容，增加现有传统活动的吸引力。当然，活动规划要综合考虑不同文化背景的人群的不同喜好有的放矢。以镇域公共空间为基础营造活动空间，结合慢行道、水路及交通换乘点设置主要活动线路，塑造热烈的气氛，造成良好的社会影响。最终使得各类协会组织人群逐渐具有自发性。

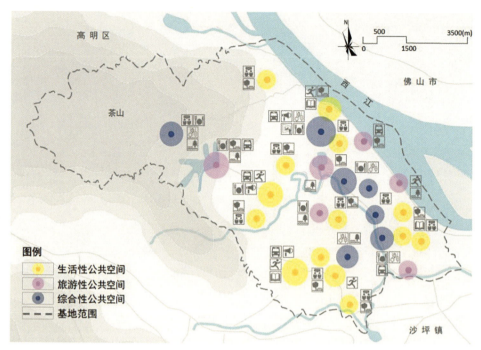

图 5-13　镇域公共空间规划图

图 5-14　镇域活动规划图

镇域生态环境规划：提升环境以提高社会关系交往的质量。保护现状的山体和林地，通过宣传使居民形成自下而上的生态保护意识，达到更好的环境提升效果；打开生态界面，构建生态廊道，联系各生态区块；梳理水网、整合鱼塘实现混合区块内水体自净循环；整合农田，增加环卫设施，如设置垃圾处理点，进行河道疏浚、污水截流等具体措施来提升整体环境品质。

2　业缘空间规划

镇域产业定位：产业升级以扩大社会关系交往的群体。以行政村为单位，根据现状主要产业类型及上位规划对其发展要求进行产业定位；明确主要进行一、二、三产的行政村，并分别进行深入的分类。

镇域产业联动：产业联动以增强社会关系网络的紧密度，增加社会关系交往的群体。明确各村产业发展定位；以相邻村相似产业形成联动发展圈；以产业中间节点为基础构建主要的产业链方向（图5-15）。

图5-15　镇域产业联动示意图

镇域产业组织模式：组织构建以提升社会关系网络的稳定性。以产业链和发展圈为基础，推行三种模式：a.农户、企业与社会组织共同形成的股份制一产合作组织；b.以雅图仕、东古酱油等龙头企业带动部分小型加工企业发展；c.以"政府推动，市场运作，民众参与，社会配合"为内容的旅游开发模式。即在旅游开发方面，采取三权分离的模式，将所有权、监督权、经营权归属不同群体，政府负责监督，企业主管经营，农户参与经营，管理委员会作为活动组织者，NGO为产业发展提供技术支持（图5-16）。

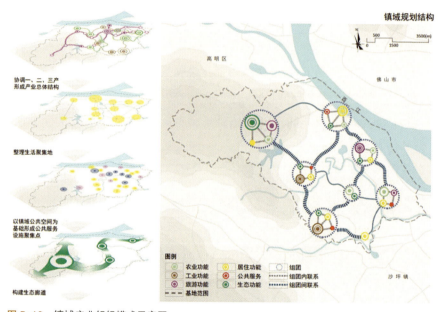

图5-16 镇域产业组织模式示意图

总的来说，修补社会网络关系需要通过政府引导监督，企业经营运作，农户参与经营，社会组织配合支持。优化镇域规划结构，协调一、二、三产形成产业总体结构；生活聚集点与公共空间为基础形成公共服务设施聚集点；构建生态廊道等措施，使功能间相互联系。优化镇域功能分布，将功能分散至整个镇域，促进功能的融合，同时促进社会网络的交叉与融合。通过对外来人、本地人、游客三者间的业缘关系、地缘关系的增强，以及促进本地人血缘关系的加强，使整体达到一种平衡状态（图5-17）。

第五章　乡村社会网络

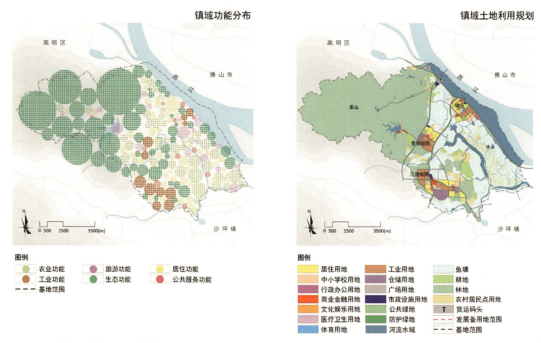

图 5-17　镇域功能分布及土地利用图

四　结语

本章以广东省江门鹤山市古劳水乡概念规划与设计为例，探讨如何将社会网络理论应用于规划设计中，即通过加强地缘和业缘逐步改善社会网络关系。概括来说，实现近期稳固、中期弥补、远期扩散的目标，从而形成异质开放的社会关系网络，拓展了社会网络理论在乡村规划中的应用。通过社会学理论与量化分析的结合，有利于指导我们进行大方向的思考，便于理解设计的内在逻辑，将其应用于规划设计中。

图表说明：
本章图均来自《缘起——基于社会关系修补的规划设计（省江门鹤山市古劳水乡概念规划与设计）》，绘图：肖颖禾、杨彬如、潘文筠、易俊飞、张坤、张钰。

第六章
乡村内力与外力

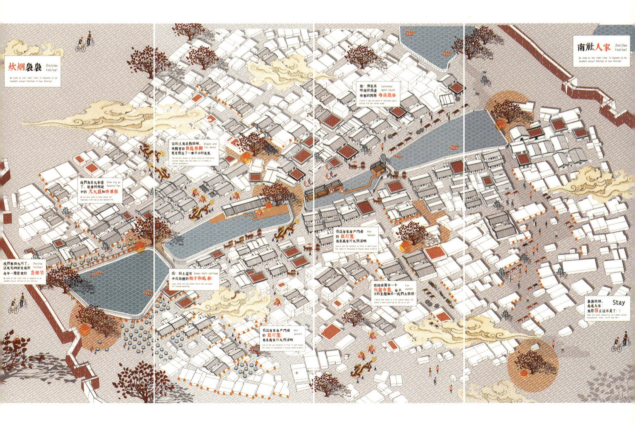

新中国成立后至 21 世纪初，重城市轻乡村的发展战略造成城乡发展不平衡、乡村发展不充分的问题。近年来，国家认识到乡村发展的重要价值，采取了外部"输血"的方式反哺乡村[69]，靠上级政府等直接给予资金支援，但缺乏因地制宜差别化发展的策略，以单一的方法应对城乡统筹的复杂性，乡村仍然面临内生发展动力不足的困境。在城镇化浪潮席卷之下许多传统古村空巢化，只有少数老人和儿童留守在家；房屋多年无人居住，古建筑残破的现象多有发生。本章以本人指导的学生竞赛作品《广东省东莞市生态园连片乡村规划设计》为例，详细解释如何在激发内力的同时创造外力，打破村与村之间的隔阂实现联动发展。

一 内力与外力作用机制

在城市化进程加深、人口流动速率加快、城乡边界逐步模糊、人与人之间亲缘关系日渐淡漠的时代背景下，基于内外力作用机制的系统规划对于如何对城乡规划做出相应修补和完善、如何改善乡村空间结构关系、如何应用以提升产业结构及发展并满足不同人群诉求与文化交流都有着重要意义。在乡村振兴战略的实施过程中，以辩证的思维挖掘推动乡村振兴实现的内外作用力。一方面，通过提升农村人口素质、调整农村产业结构、发展农村教育文化等方式，来破解实现乡村振兴的内部困境；另一方面，通过推进城乡一体化进程、加大对农村的扶持力度等方式，来化解阻碍乡村振兴实现的外部矛盾，以内外兼修、统筹兼顾的方式促进乡村整体的繁荣与发展。[70]

一个城市的发展依赖于多种因素的共同作用，既需要其自身的内生动力，也需要外部的支持与拉动。从自身条件来看，城市的地理条件、交通条件、资源禀赋、自身努力等是影响城市发展的关键因素。而从外部条件来看，周边地区的发展状况和政策条件也是推动城市发展的重要动力。乡村亦是如此，相较于城市，乡村具有更加丰富的自然生态资源。过去的乡村主要以第一产业作为经济支柱，随着改革开放以来二、三产业逐渐取代农业，产业结构面临着转型和升级，乡村人口密度缩小且逐渐向城市流失。与此同时，乡村基础设施匮乏，交通环境简陋，难以获取数据，统计相对较少。国内外不少学者针对城市发展中内外力作用机制进行了深入研究，却很少将研究视角转向乡村发展。因此，在内外力作用机制应用于乡村规划设计方面，至今仍缺乏一定的理论和实践支持。本文拟通过对广东省东莞市生态园片区乡村的分析研究，从破除阻碍乡村内外发展的"围墙"入手，分析内外力作用机制下如何建立高效和谐的新型村镇融合关系，探索新时代背景下的乡村营建策略与方法。

乡村的发展也是内部因素和外部因素共同作用的结果。内力产生于乡村内部的资源环境、人和自发产业等要素，在乡村发展过程中起主要作用，决定了乡村发展的大方向。而外力来自外界的政策、区位、资金和技术等要素。乡村发展的核心问题就是内生力量与外来力量之间的关系与平衡。第四章已经讨论过，从目前国内乡村发展现状来看，受资金、技术、人才等多方面的制约，乡村发展存在内生活力和动力不足的问题。若要实现乡村振兴达到产业兴旺、生态宜居、乡风文明的目标，不仅需要借助外力支撑，还必须激发乡村内生动力，尤其是激发村民参与振兴乡村的热情。通过制度和项目建设以及外力的带动和促进，让村民共同担起振兴乡村的责任，推动乡村走上更加美丽和谐、幸福繁荣的道路。

二 广东省东莞市生态园连片乡村规划设计

为了验证基于内外力机制的乡村规划方法，本文选取了广东省东莞市生态园连片乡村规划设计做实证分析，此规划由作者和另外一位老师共同指导厦门大学规划系学生完成，该作品获得了由广东省规划设计研究院举办的 2017 年南粤杯联合毕业设计邀请赛的一等奖。

作品名称：《破"墙"而立无"界"之乡——基于内外力作用机制的"古村突围"计划（广东省东莞市生态园连片乡村规划设计）》

指导老师：王量量、郁珊珊

小组成员：陈梦真、蔡柠、陈江畅、李艺琳、田彤、杨月恒

1 案例概况

位于广东省主要发展轴交点处的东莞市，是全国唯一与两个一线城市接壤的城市，也是广东省的门户枢纽城市。东莞市靠近深港区，可对接珠三角区域发展，共建湾区高端服务轴，发挥通道城市优势，是粤港澳大湾区的主要核心城市之一。设计方案位于东莞市生态园片区，包括石排镇、茶山镇两个镇八个行政村，连片规划研究面积约 47 平方公里。规划方案区位如图 6-1 所示：

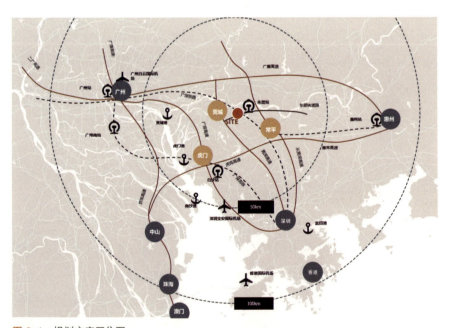

图 6-1 规划方案区位图

规划区位于国家创新网络、珠三角知识经济创新走廊的关键节点之一——松山湖生态园片区。片区基地地理位置较为优越，临近广深和谐号站点，分别通往广州、深圳、香港等机场，高速路网较为密集。优越的地理位置带给规划区便利的交通条件和产业发展的巨大潜力。然而，规划区和东莞市其余各镇一样存在分工不明确、支柱产业不明显的问题。

规划区的建设须在上位规划的指导意见下进行，综合分析发现：《广东省城镇体系规划（2006-2020）》和《广东省主体功能区规划》强调了东莞的现代制造业名城定位；《东莞市城市总体规划（2016-2035）》将规划区所在的中心组团定位为区域综合服务中心、国家科技创新中心和生态发展示范区。而《东莞生态园总体规划（2007-2020）》将生态园定位为东莞市级湿地生态园，高端产业配套服务区。《东莞市茶山镇总体规划（2016-2020）》和《东莞市石排镇总体规划（2016-2020）》则都强调了发展文化旅游产业的必要性。

2 问题分析

首先对规划区的历史沿革进行梳理和分析。在建国初期，规划区的定位都是传统的鱼米之乡。随着新中国成立后人地矛盾的加剧，农业人均产值无法得到保证，因而第一产业发展受限，第二产业开始逐渐起步。改革开放后，村民从土地中解放并投入到工业生产中。而后规划区引进"三来一补"的服装、制鞋、玩具等轻工业，则初步实现了工业进村。1992年邓小平南巡后，规划区的工业得到进一步发展，正值农地非农化达到最高值，大量外地人涌入到乡村社会中。2005年，土地流转进入规范化发展阶段。由于土地资源的匮乏以及村落合法获得土地增量的困难加大，土地扩张的增速减缓。2008年金融危机的爆发严重冲击了东莞大量依赖外向、依赖出口的经济结构。通过对上述历史沿革的研究，我们将规划区的发展过程总结为三个阶段，如图6-2所示。

在围墙1.0时代，各村建村立围、渔樵耕读，围墙的防御作用保障着村民们的安全；围墙2.0时代，规划区通过工业化突破了旧时围墙的限制，实现了破墙新生；围墙3.0时代便是当今，各村之间壁垒分

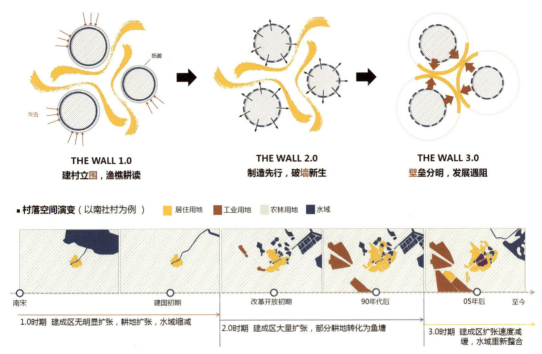

图6-2 规划区三个发展阶段

明，规划区的发展也遇到了阻碍。在空间演变上，围墙 1.0 时期建成区无明显扩张；围墙 2.0 时期建成区大量扩张，部分耕地转化为鱼塘；围墙 3.0 时期建成区扩张速度减缓，水域重新整合。在产业结构上，1.0 时期以第一产业为主；2.0 时期进入工业化进程；3.0 时期农业退化，二、三产业齐头并进。在社会关系上，1.0 时期本地人口居住在各村围墙内，各村之间联系较弱；2.0 时期大量外来人口迁入，居住在古村外围，本地人口开始向新村迁移；3.0 时期少量外地人口迁入或迁出，本地居民多居住于新村，部分外地居民居住在古村内。依据古村不同发展阶段，我们集中分析了围墙 3.0 时代阻碍规划区发展的各方面的壁垒即"围墙"。

（1）在空间方面，建设用地占比过大，工业用地布局分散。市域交通体系基本完成，镇域交通框架有待完善。如图 6-3 所示，生态的大斑块小斑块缺乏渗透，绿地系统碎片化，区域间游憩景观联系薄弱。

第六章 乡村内力与外力

大斑块小斑块缺乏渗透　　　　　绿地系统碎片化　　　　　　　区域间游憩景观联系薄弱

林地、耕地、景观绿地，缺乏互动与层次，使得生态涵养优势未完全发挥　　工业组团、居住组团未对滨水及河道进行避让，成为绿地系统所忽视的区域　　生态园没有给不断增长的人口和周边工业提供更好的环境与生态服务，两镇两岸及河道周边的开放空间质量有待提高

图6-3　生态系统存在的问题

（2）在产业方面，由于2010年后经济增速减缓，东莞市虽经济总量较大，但缺乏新的经济发展动力。茶山镇和石排镇在GDP增长、税收和地均GDP指标上都处于东莞下游梯队，存在土地产出与利用效率低下的特征。规划区总体呈现出与东莞市一致的产业结构，即第二、三产业成为生产活动的主要支柱。

第一产业方面，规划区内农业产值占总产值的0.45%，农业对规划区产业经济的贡献微乎其微，是产业结构中的薄弱环节，有待转型升级。第二产业则呈现出用地零散、不集约、低效率的特点，缺乏统一的发展模式。第三产业则分布零散缺少中心，整体业态水平低端，品质也有待提升。

如图6-4所示，可以得出：超朗村是规划区内产业类型最多、规模较大的村落；包装、印刷、纸制品等产业数量无法形成规模集聚；五金制造、服装产业、电子产业是片区内三大支柱产业。同时，从各村各类产业分布情况（图6-5）不难看出，规划区内产业存在同质化建设；产业分布零散，无法形成集聚效应；产业分工体系尚不成熟。

（3）如图6-6所示，规划区内还存在阻隔人心的墙。规划区内外来人口数量远高于户籍人口，人口结构倒挂严重；塘角、塘尾、南社村的人口密度较高，超朗村人口密度较低。由于城镇建设无法满足外来务工者的长期需求以及产业结构的调整，近年来规划区内流动人口增长率降低；

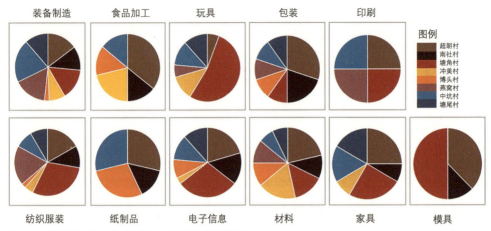

图 6-4 规划区内各产业分工下各村所占比重统计图

图 6-5 规划区各村不同产业数量统计表

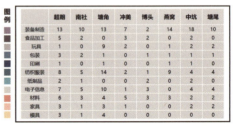

五金制造、服装产业、电子产业為區內三大支柱產業

- 规划区内二产制造业主要分为装备制造（五金）、食品加工、玩具、包装、印刷、纺织服装、纸制品、电子信息、材料、家具、模具等九大产业。
- 从产业数量来看，规划区内二产工厂及公司共有268个，装备制造业是规划区内的支柱产业，占35%的比重，其中五金占据一半以上的份额；纺织服装和电子信息也有较大产业基数。

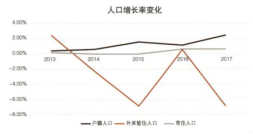

图 6-6 规划区内人口数量、增长率变化统计图

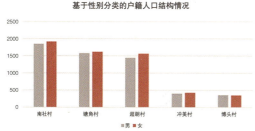
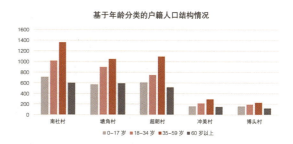

图 6-7 规划区内户籍人口性别、年龄情况统计图

而户籍人口中性别比例失衡、劳动年龄人口不足，说明本地青壮年存在一定的流失情况。规划区内户籍人口性别、年龄情况统计如图 6-7 所示。

人口分布特征方面，片区内人口聚集于村镇工业区内；本地人与外地人间存在以租、住关系为联系的二元社区结构；各村居民之间的联系也较弱。

从社会关系的层面分析，在经历了围墙1.0时代的以宗亲血缘为主和改革开放时期大量劳动力的涌入现象之后，目前规划区的社会网络呈现出文化、身份、心理三重隔阂的二元社区结构。

（4）此外，规划区内存在耕读、宗族、信仰、美食、民俗技艺等多种特色文化，人文资源类型丰富。但文化发展中存在着两大问题，即自身文化活力挖掘不足、文化碰撞壁垒明显。新兴文化与传统文化之间存在较为明显的壁垒，没有实现良好的互动。

因此阻碍规划区发展的因素可以归纳总结为生态割裂、用地零散、交通畅而不捷的空间之墙；产业分工不成体系的产业之墙和不同社会群体间隔阂的心墙。

3 规划策略：提供外力、激发内力——破"墙"而立，打造无"界"之乡

通过上文分析，阻碍规划区发展的围墙主要分为空间、产业、人与文化等层面，需要从内外两个方向提供力来将它们打破，实现彻底的突围。内外力作用破除围墙策略如图 6-8 所示，从规划区发展的各个阶段来看，1.0时期保护村民免受侵扰的围墙最终成为了乡村发展的阻碍；2.0时期由

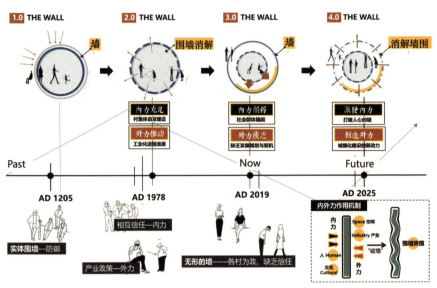

图6-8 内外力作用破除围墙策略

于改革开放和工业化浪潮带来的强劲外力，以及村集体自发建设所带来的突围内力，最终消解了阻碍乡村发展的第一道围墙；如今3.0时期的规划区正在应对发展的新阻碍，缺乏发展规划和契机，内部社会群体又存在难以消减的隔阂，疲乏的外力和微弱的内力已经无法突破空间、产业和人心三道围墙。因此，在未来4.0时期提供外力打破空间和产业的围墙、激发内力消除人心的围墙，建立高效和谐的新型村镇融合关系。

1）空间之墙

空间的墙是片区发展最为直接的障碍，可以通过基础的空间规划来提供打破这堵墙的外力。在交通方面，提出"人畅其行，物畅其流"的发展目标，希望强化区域之间的联系，理顺道路骨架，构建便捷的客运货运通道，以提高片区生产生活的效率。通过升级原有道路、增添新道路、设置换乘点、建设慢行系统等策略以实现目标。

在生态方面，2008年起生态园周边大量用地被迅速开发，核心生态空间受到威胁。由于城镇化的快速发展，生态的透水性地面逐步向人工硬质化的方向转变。此外，基地临江且易受到台风等极端气候的影响，容易导致积水内涝。因此，我们首先根据基地地形进行易积水度分析，改造水体并增设河道、改善水网系统，以提升生态园蓄水能力与土地安

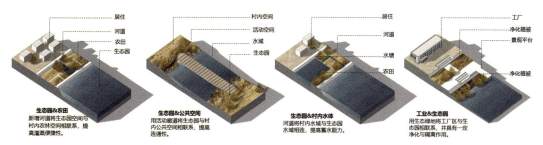

图 6-9　生态园和村庄边界连接模式

全性、打造弹性生态空间并达到生态防水的目的；其次沿河道增设休闲活动空间，增加公共空间面积，形成大范围的节点网络；同时增强第一产业发展的基础，软化空间边界，将生态园作为媒介融合周边村庄；最终提出了将生态园与周边村庄进行生态链接的四种模式（图6-9）。

最终形成了基地加生态园片区的生态网络结构（图6-10）。在以生态园为媒介融合整个研究范围生态空间的同时，优化周边村民的生活居

图 6-10　规划区生态网络结构

住环境，也为第一和第三产业提供更好的发展空间。

2）产业之墙

产业的墙，是片区发展阶段最主要的阻碍。现阶段，产业的发展存在第一产业较薄弱、第二产业发展低效割裂、第三产业起步阶段旅游品质有待提升的问题，可以通过专门化的服务、承担区域产业分工来提供破墙的外力。首先确定了产业分工定位、然后具体分析定位下的产业发展需求，最终制定合作发展模式以实现产业发展目标（图6-11）。

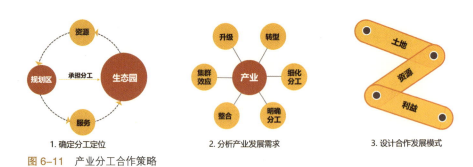

图6-11　产业分工合作策略

根据上位规划和产业基础现状，分别提出了第一、二、三产业在整个生态园片区承担的产业分工策略，产业分工示意图如图6-12所示。

第一产业主要承担着生态农业的产业分工，对现状农业进行产业升级和产业链延伸，可设计可食地景、都市农业、创意农业等产业与生态园联动发展。

第二产业方面，规划区要承担环生态园传统工业转型升级产业集群的分工定位。依据前面提到的产业现状数据分析，高端机械制造业是规划区内的支柱产业，而较易承接的电子信息产业和易转型的材料产业在

图6-12　产业分工示意图

片区内也有不错的产业基础。所以将用地、技术、劳动力等资源进行整合，促进各产业之间联动发展。

规划区的第三产业将承担东江沿线旅游创意产业集群的分工定位。首先将生态旅游资源整合发展生态旅游；其次共享片区内古村的管理模式发展历史文化旅游；再次增加工业文化点和体验项目发展工业文化旅游；最后打造连片规划区旅游品牌。

产业之间还应该通过相互联动促进发展相互融合。各村之间第一、二、三产业的联动发展模式，协调片区产业结构，延伸优化产业链。首先将第二产业产业链进行了横向整合和纵向合作，整合用地、构建产业联盟使规划区更好地服务于生态园产业链。同时建议采取土地入股的土地流转模式（图6-13），组成村集体土地股份合作社，以有效解决土地整合流转后各群体的利益合理分配问题。最终协调第一、二、三产业形成区域产业结构。

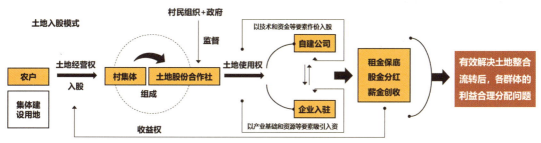

图6-13 土地流转模式

在农业的组织发展模式中（图6-14），企业承担提供资金、提供技术与原料、统一收购与销售推广以及科研教育等运作的职责，主要行使经营权；而当地的农户由于了解当地资源环境，能够提供充足劳动力，并将土地经营权入股投入生产，对农渔业发展拥有所有权；社会组织可以参与管理委员会，协助提供技术支持与各类咨询服务以及推广科研教育，对第一产业发展行使监督权。

如图6-15所示，第三产业的发展模式方面，政府参与进来并起到推动的作用，负责旅游开发主导、优惠政策支持、资金支持，以及引导、

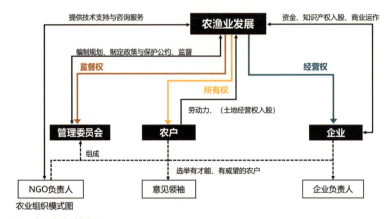

图 6-14 农业组织模式图

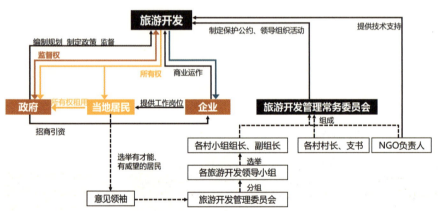

图 6-15 政府、企业与居民合作的合股模式

监管、稳定民心及协调统筹；企业除提供资金以外，还提供开发经营技术、培训服务技能以及提供就业岗位等使旅游开发更好地运作；当地居民了解当地资源环境，可以经营农旅结合项目，提供充足劳动力，保持乡村面貌与文化的原真性，参与到乡村旅游开发的模式中；最后社会组织可以加入并组成旅游开发管理委员会和 NGO（非政府组织），配合旅游开发的发展模式。旅游开发利益分配如图 6-16 所示。

3）心墙

人的心墙是最难突破的一道墙，仅仅依靠外力难以有效地消除这种隔阂，可以依托本土文化和村民的生活需求刺激内力的产生，来帮助片区内的居民突破这道心墙。首先分析本地居民、外来务工者和游客三类

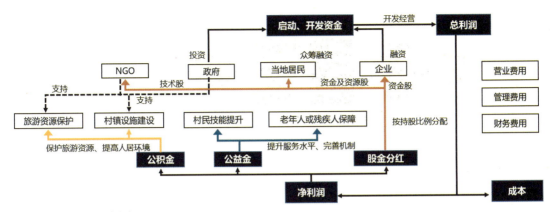

图 6-16 旅游开发利益分配图

主要群体的诉求（图 6-17），分析他们对于社会交往、生活服务和文化交流三类空间类型的具体需求，同时发挥文化的纽带作用联系连接各类人群。主要的空间发展目标是通过一些公共空间的塑造，满足多元人群需求，进一步提高空间的使用率，达到融合不同的人群，促进人与人之间的交流，瓦解乡村居民的心墙的作用。

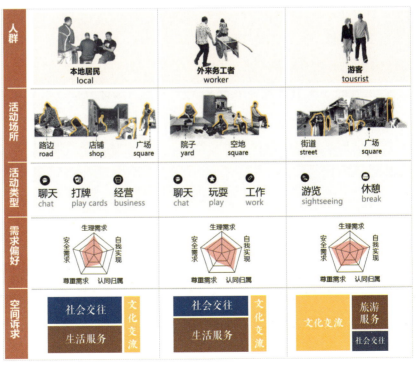

图 6-17 人群诉求分析及发展思路

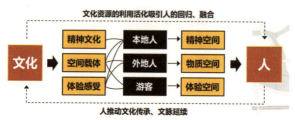

图 6-18 文化和人之间的相互作用

在文化交流方面（图 6-18），首先提取片区内的历史建筑来营造传统的记忆空间；然后将居民生活习俗展示流线、历史文化展示流线、传统文化艺术展示流线等植入其中，渗透传统文化艺术，再现传统记忆空间；其次营造文化展示片区，构建文化展示体系；最后在传统文化空间中加入现代活动，织补传统文脉。文化空间的设计既满足了不同人群的需求，也能够加强他们群体之间的联系。

在生活服务方面，将人群分为老、中、青三代分析他们生活服务的不同需求，并据此提出加强本地人和外地人融合的方式。对于少年儿童来说，教育和娱乐是他们的两大主要需求，但片区内的本地儿童和外地儿童享受的资源不平等，因此我们提出设立社区"青少年空间"和社区社团组织以加强融合联系（图 6-19）。

青年人的需求分为就业和娱乐两大方面。因此我们在社区打造更多的休闲空间和亲子空间，在休闲时段为他们提供更多的交往空间；工作时间，则为他们提供健身器械、水吧等休闲场所促进其交流（图 6-20）。

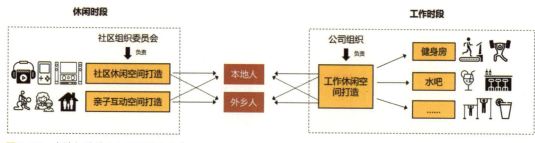

图 6-19 本地与外地少年儿童融合方式

第六章 乡村内力与外力

图 6-20 本地与外地青壮年融合方式

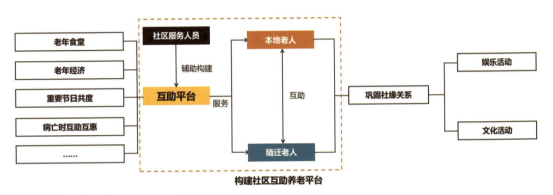

图 6-21 本地和随迁老人融合方式

老年人对健康和休闲需求程度较高,因此我们构建了社区互助养老平台以促进本地老人和随迁老人之间的互助融合(图 6-21),并依靠各种娱乐活动和文化活动来巩固社缘关系。在互助平台,进行了多方面的内容设计,如构建老年食堂由老人们共享、创建老年经济、病亡时互助互惠等。

综上所述,最终形成了突破三道围墙的策略。首先,协调一、二、三产业形成产业总体结构;其次,形成文化活力点;接着,以生活聚集点与公共空间为基础形成公共服务设施聚集点(图 6-22);继而,构建生态廊道、形成景观节点;然而将功能相互联系形成复合功能组团,再将组团相互联系,以增强组团间的交往;最终,形成相互联系的无界之乡(图 6-23)。

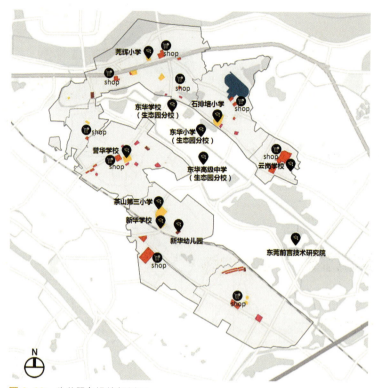

图 6-22　公共服务设施规划图

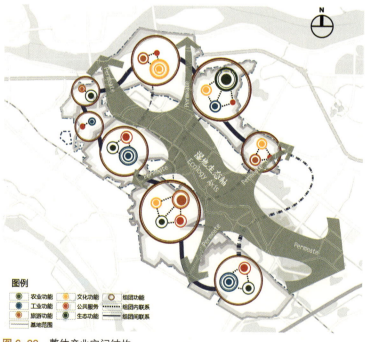

图 6-23　整体产业空间结构

4 总体规划

综合以上策略形成了新的片区土地利用规划图（图6-24）。总体来看，与规划前用地相比，规划后片区农林用地面积减少了约1/3，工业用地减少了1/5，居住用地面积增加了约42%，公共管理与公共服务设施用地、文化设施用地、教育科研用地、医疗卫生用地、社会福利用地、商业服务设施用地、物流仓储用地、绿地与广场用地、公园绿地和道路与交通设施用地面积均有所增加，公共空间类型更加丰富，用地面积比例更加合理，足以适应乡村生产生活的多样需求。

图6-24 新片区土地利用规划图

1）地缘空间规划

交通空间规划：改善交通以强化区域联系，打造外联区域、内聚功能的交通体系。规划区内的村际缺乏联系，交通条件无法满足生产生活的需求。因此我们规划的目标就是理顺道路骨架，构建快速通道，提高片区生产生活效率。

生态环境规划：提升环境来改善以生态园为核心的整个基地的区域

性生态网络结构,形成园中有村、村中有园的形态,将生态园打造成为融合周边村庄的媒介。主要措施包括:改善生态园的蓄水能力,提高土地安全性,加强一产发展基础,增加休闲公共空间面积,软化空间边界;利用河道提高周边农田灌溉的便捷性;在工业空间与生态园间用绿化空间净化污染并优化环境;将生态空间由生态园引入居住区,提升居住环境等。

2)业缘空间规划

产业定位:产业分工合作以承担区域产业分工来提供破墙外力。根据主要产业类型及上位规划的现状对其发展需求进行产业定位,通过外部提供专门化服务,满足消费偏好,提升片区竞争力,进而承担区域产业分工,最终设计合作发展模式以实现产业发展目标。

产业联动:产业联动以增强区域产业发展的紧密度。明确各村产业发展定位,与相邻村产业形成联动发展圈;以产业中心节点为基础构建主要的产业链方向,现状农业进行产业升级和产业链延伸,设计新型产业与生态园进行联动发展。对于传统的材料、机械加工等产业,将资源整合在产业之间实现联动发展;对于旅游产业的开发,着力打造精品旅游体验,同时推广更加有效的古村维护和管理模式来发展历史文化旅游,以及增加工业文化旅游项目吸引创客团队,最终打造综合规划区文化旅游品牌。

产业组织模式:组织构建以提升区域产业系统的稳定性。以产业链和发展圈为基础,推行三种模式:a.农户、企业与社会组织共同形成的股份制一产合作组织;b.以超朗工业园、石崇产业园等龙头产业园区带动部分小型加工企业发展;c.以"政府推动,市场运作,民众参与,社会配合"为内容的旅游开发模式。即在旅游开发方面,采取三权分离的模式,将所有权、监督权、经营权归属不同群体,政府负责监督和推动,企业主管经营,农户参与经营,管理委员会领导组织活动,NGO为产业发展提供技术支持。

综上所述,可通过以下策略应对乡村发展各方面的隔阂需要:a.提供外力来加强区域之间的连接互动,打造融合周边的核心空间及公共空间网络，优化人居环境和生态网络系统，构建生态廊道，将功能间相互联系形成复合功能组团，将组团间相互联系，以增强组团间的交往；b. 提供外力破解产业发展阻碍：明确产业分工定位以及发展目标和需求，协调政府、企业、农户和社会组织等多方间的共同合作，形成区域产业总体结构；c. 提取历史建筑和文化习俗，形成文化活力点，以生活聚集点与公共空间为基础形成公共服务设施聚集点，通过对本地居民、外来人员和游客三者间关系的融合增强，激发内力促进人们更好地交流交往。

三　结语

本章以广东省东莞市生态园连片乡村规划设计为例，探讨如何将内外力作用机制应用于乡村规划设计中，即通过提供外力，激发内力来破除空间、产业和人心的隔阂。概括来说，通过设计介入来改善空间及产业格局，激发片区内多元群体的交流与融合，从而形成高效和谐的新型村镇融合关系，拓展了内外力作用机制在乡村规划中的应用。将理论和概念与量化分析相结合，能够更好地指导我们进行全方位、多层次的思考，更好地理解规划设计的内在逻辑，并将其应用于乡村的规划设计中。

图表说明：
本章图均来自《破"墙"而立无"界"之乡——基于内外力作用机制的"古村突围"计划》，绘图：陈梦真、蔡柠、陈江畅、李艺琳、田彤、杨月恒。

第七章
乡村智慧农业平台

在我国城镇化建设取得突出成就的同时，耕地面积不断减少、农业生产效率低下、农产品供给和需求不平衡加剧等问题仍然制约着我国农业农村现代化的发展。[71]在党的十九大报告中明确提出，要"建立健全城乡融合发展体制机制和政策体系，加快推进农业农村现代化"。同时，随着大数据、云计算等技术的发展，智慧农业平台成为我国农业生产方式转型、促进城乡融合发展、提升城乡居民物质生活水平的重要手段。

一　基于互联网＋的农业提升

2020年初《数字农业农村发展规划（2019-2025年）》发布，该规划指出自党的十八大以来，我国的数字农业农村建设取得了明显的成效，"十四五"时期则是推进农业农村数字化的重要战略机遇期。从国际数字农业发展情况来看，世界主要发达国家都将数字农业作为战略重点和优先发展方向。[72]近几年，为保障数字农业农村的高速发展及落地可行性，我国陆续出台了《促进大数据发展行动纲要》《数字乡村发展战略纲要》《"互联网＋"现代农业三年行动实施方案》等政策及纲领性文件。

目前我国数字经济在农业中的占比远低于工业和服务业，成为数字中国建设的凸出短板。主要体现在发展基础薄弱、数据资源分散、创新能力不足、乡村数字化治理水平偏低、数据整合共享不充分、开发利用不足等方面。未来中国乡村农业应顺应时代趋势、把握发展机遇，加快智慧农业平台推广应用，抢占数字农业农村制高点，推动农业高质量发展和乡村全面振兴，让广大农民共享数字经济发展红利。[73]

目前我国的智慧农业平台相关研究主要有以下两个方面：一是主要关注智慧技术在农业生产上的应用。如刘春红等为对作物生长环境信息进行实时远程监控，实现科学决策与管理，设计开发基于无线传感器网络的智慧农业信息平台开发；阴国富对精细农业的无线传感器网络组织结构和组网方式进行研究，结合实施农业与大田的实际应用环境，设计基于光载无线交换技术的渭南智慧农业系统[74]；龚瑞昆和田野利用 ZigBee 技术设计了一整套智慧农业大棚智能系统，还着重研究了基于 Mandani 模糊控制理论的控制系统，通过分析大棚内各种参数后得出控制策略，以保证农作物优良生长，实现农业大棚精准化、数字化管理。[75]

二是主要关注互联网与农业产业的融合发展，提升农业产销效率。如曾晓华在明确现代农业发展现状和农业创新发展机制体系的基础上，深入全面的探讨了"互联网＋"背景下现代农业创新发展的保障机制；[76]关丽丽等通过总结辽宁省益农信息社的具体做法，分析了成功的经验和取得的具体成效及实施效果；[77]王瑞峰根据平台经济的基本特征，在探讨涉农电商平台对农业经济发展影响机理的基础上，利用改进的双重差分（DID）模型和三重差分（DDD）模型，从政策效应、规模效应、集聚效应三个维度着眼，评估涉农电商平台的经济影响效应。[78]

综上所述，目前学者们对于智慧农业平台的研究主要聚焦于引入现代化农业生产方式，提升农业生产效率，利用网络平台提升农产品供给信息化水平，这些研究对于实现我国农业现代化，促进城乡融合有着重要作用。[79]然而，对于生产、流通和销售环节的研究相对割裂，缺少对于村庄农业发展的整体系统研究，同时对于一般性村庄的智慧农业平台构建缺少足够的落地参考方案。

二　基于流空间概念的乡村振兴理论

"流空间"（space of flows）是一种"不必地理邻接即可实现共享时间的社会实践的物质组织"，通过纯粹的信息渠道承载了复杂的社会、经济、文化与政治"能量"。"流空间"运用于乡村振兴的本质是零售商基于信息网络需求对地理因素进行自主选择、主动调试并完成逐渐集聚的空间产物。网络零售商聚集后"流空间"更为集中，乡村成为了"流空间"的重要节点。

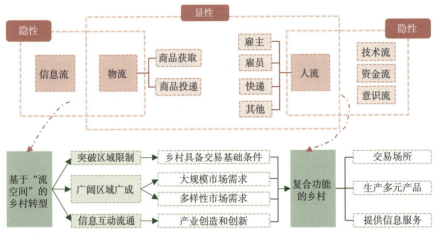

图 7-1 流空间理论下的乡村振兴运营模式

"流空间"改变了乡村在空间集聚上的劣势,通过信息流、资金流、商品流等要素的流动突破了距离的限制,乡村本身也成为"交易的场所"不依赖于城市。[80] 以"信息流"为前提,乡村通过追求"物流"的畅通来确保经济效益的获得。"流空间"使乡村产业获得大规模市场支撑的可能性大大提升(图 7-1)。

流空间对乡村转型发展的作用主要体现在经济功能的重塑,对于人居环境和公共服务改善甚微,阻碍了乡村人口的回流与扎根,在村民富裕之后,会出现"反留守"现象,即老人与儿童留守在城市、中青年劳动力进村务工的现象,乡村异化为一种单纯的产业功能地域。[6]

三 漳州市漳浦县东厝村发展策划

产业提升一直是建筑与城乡规划专业所不擅长的部分,本章从互联网技术和流空间理论入手浅谈了其对农业产业提升的策略,本章选取了漳州市漳浦县东厝村为例来验证理论的实用性。该案例是作者与另外一位老师共同指导厦门大学规划系的同学参加 2020 年度全国高等院校大学生乡村规划方案竞赛的方案,该作品获得了此次竞赛的佳作奖。

作品名称:《合荔共营·智汇融通——福建漳州漳浦县东厝村村庄策划》
指导老师:王量量、镇列评
参赛学生:陈蔚馨、李建禹、廖倩琪、侯贺阳、杨晟一、沈洁

1 东厝村现状分析

1)区位条件

东厝村位于福建省漳州市漳浦县往东 25 公里的旧镇镇北部,村域面积约 6 平方公里,下辖自然村 5 个,属于亚热带海洋性气候,温和宜人,年平均气温 21℃,年降雨量 1400 毫米左右,日照 2100 小时,是漳浦县著名水果之乡。东厝村东临台湾海峡与台湾隔海相望,南隔东山湾与东山县对峙,西接壤平和县、云霄县,北与龙海市相连,自明代以后素有"金漳浦"美称。

东厝村交通条件较为便利,沈海高速、201 省道分别位于东厝村西北、东南侧,525 县道环村而行将高速路与省道串联。沈海高速贯穿辽宁、山东、江苏、上海、浙江、福建、广东、海南等多个省,201 省道途经宁德、福州、莆田、泉州、厦门和漳州 6 个设区市,便利的交通区位条件奠定了东厝村所在片区的物流发展基础。同时东厝村拥有旧镇镇农村范围内唯一的公交车站,对周边村落一定程度上形成了聚集效应。

2)资源条件

(1)人口资源:东厝村下辖自然村 5 个,分别为东厝村、上东坡、下东坡、大石后、坡内。总户数 720 户,户籍人口为 3345 人,其中男性 1650 人、女性 1695 人。

(2)土地资源:东厝村面积约 6 平方公里,拥有丰富的林地资源,其中经济林地 3412 亩,用材林 3500 亩,耕地面积 2111 亩。经济林地种植乌叶荔枝共计 3412 亩,据 2018 年数据显示,旧镇镇荔枝种植面积

共 4719 亩，东厝村占 72.3%。

（3）历史建筑资源：东厝村历史悠久，至今已有 550 年的历史，村内文化资源丰富，有关帝庙、林氏宗祠、玄天上帝庙、西城门、土圆楼等多处历史文化遗存场所。村内大部分历史建筑都已投入使用，其中玄天上帝庙、关帝庙、林氏宗祠作为县级文物古迹，香火至今绵延鼎盛，是村民的日常去处。

3）市场条件

（1）产品需求：我国人口众多，荔枝市场广阔，根据市场调研报告显示，2020 年共销售 255.35 万吨，同比增长 38.1%，预计未来荔枝消费量将持续保持上升趋势，2021 年与 2022 年将超过 280 万吨。我国作为世界荔枝产量第一的国家，拥有广大的海外市场。就我国而言，我国荔枝主产区在北纬 22°～24°，集中在广东、广西、福建、台湾和海南等地区（图 7-2）。国内荔枝市场的需求量大，每年出口数量在 1 万至 1.5 万吨左右，不足进口数量的一半。

图 7-2 各省荔枝种植面积、历年荔枝产量及总产量

（2）加工价值：荔枝除了鲜果，其加工制品也在市场上占据一定份额，主要包括冷冻荔枝、荔枝汁、荔枝胶、荔枝酒、蜜饯荔枝等。其中荔枝干、荔枝罐头、荔枝汁等易于储藏的产品，历年出口数据也很可观。尤其是荔枝罐头，出口金额稳定 3300 万至 3800 万美元之间（图 7-3）。

（3）药用价值：荔枝无论是果肉、果核、果壳与荔枝根都有较高的药用价值，具有益肝补脾，生津止渴，益血止痛，通神健气的效果。近年来，人们的养生意识逐渐提升，随之对荔枝的认可也逐步提升，荔枝的药用市场也在逐渐扩大。

图 7-3 历年荔枝罐头出口情况、荔枝衍生物

4）产业优势

（1）设施优势：从漳浦县中心镇到东厝村设有一条公交路线，其终点站位于东厝村内，因此东厝村是旧镇镇范围内唯一拥有公交车站的村庄，对村庄周边村落形成了一定的聚集效应，增强了东厝村与外界的联系。

（2）产地优势：东厝村拥有丰富的林地资源，全村生态农业林面积 8912 亩，其中油杉、松、杂用材林 3500 亩，经济林 3412 亩，是县级生态村。经济林种植乌叶荔枝共计 3412 亩，据 2018 年数据显示，旧镇镇荔枝种植面积共 4719 亩，东厝村占 72.3%。

（3）认知程度：村委具备前卫的产业建设思维，协助荔枝品种的选优，极力推进村民更新荔枝品种，邀请农业专家定时对荔枝树进行养护、监测。部分村民主动成为经销商，协助村民了解乌石荔枝的市场销售现状。村内的荔枝种植户对强对流天气的防范意识较强，在县里专家的协助下，根据具体天气情况，利用天气晴好时段适时开展荔枝树的病、虫、害防治措施。削弱成熟期后的台风、暴雨等强对流天气对荔枝树造成的不利影响。

（4）气候优势：东厝村属亚热带海洋性气候，温和宜人，年平均气温 21℃，年降雨量 1400 毫米左右，日照 2100 小时，是漳浦县著名水果之乡。东厝村的气候、降水等条件适宜荔枝生长，对荔枝的口感、产量均有不同程度的提升（图 7-4）。

（5）品牌优势

东厝荔枝源自广东东莞，因气候适宜而在漳浦长期种植。正所谓他

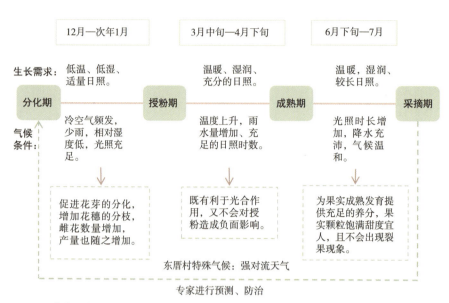

图 7-4 气候适宜性分析图

山之石,可以攻玉,经过了历史的沉淀,乌石荔枝的品质居于数十个荔枝品种之上,被称为"荔枝皇后"。自2014年起每年都在漳浦举办荔枝采摘节,以荔枝生态采摘节活动为契机,通过"旅游+"吸引省内外游客来到漳浦观光旅游,扩大乌石荔枝生态品牌的影响力。

2 问题解析

(1)荔枝价格不稳定,谷贱伤农。荔枝自身价格受市场影响较大,2018年产量过剩时甚至出现过4毛钱或5毛钱一斤的收购价,使果农利益受到极大创伤。

(2)荔枝集中成熟,储藏期短,倾销量大。目前村庄荔枝集中在5至7月上市,在没有保鲜设施的情况下荔枝很容易变质。而目前村庄只有一家私人冷库,储存量有限。在此设施壁垒下,荔枝售卖给拥有完善冷链技术的收购商已经成了唯一的选择。

(3)村庄没有研究荔枝入市时间,随产随销。东厝村多数农民选育新品种都出于被动,一方面没有机构帮助村民研究各品种荔枝的最佳入市时机,另一方面处于市场中的村民没有能力统筹协调实现各品种荔枝效益最大化的种植规模。

（4）荔枝选种具有盲从性。村民对荔枝选种逐利性、盲从性强，都选择近年来的流行品种进行种植。这样的选种方式产生了新选种—跟风选种—产量增加—价格降低—部分农户不得不进行新选种提高收入—再次跟风选种的死循环。

（5）缺少具有企业家精神的村庄产业领导者。这一类人能够承担发展的风险，具有敏锐的商业嗅觉以及带领村庄集体共同致富的觉悟等优秀品质。他们能够把村庄整体作为产业进行发展，村庄缺少这一群体就导致村庄营收组织依靠自身的社会体系，而这一体系较为低效，并且缺乏远见卓识。

3 策划策略

1）案例解析

（1）益农信息社

益农信息服务社是面向全国农民，通过向全国农民提供完善的公益服务、便民服务，致力于服务三农、推动农村传统的流通方式转变、促进农村经济结构和社会转型，建立健全农业产业链及市场运作体系。利用运营管理平台信息数据的优势，一方面面向农户，其可以通过平台售卖农副产品、获取农业信息等，另一方面面向城市消费群体，其可以通过平台订购农副产品、缴纳水电燃气费等，实现惠农助农、扶贫助农的目标。益农社通过O2O模式运营模式，建立线上益农信息服务网和线下益农社，将价格行情、政策服务、技术信息等公布在平台上，给农户提供便捷的信息获取途径，同时提供农产品产销板块，给予农户和城市消费者新的农副产品供求模式，充分带动农村经济发展。

（2）盒马鲜生

2016年10月，阿里巴巴提出"新零售"概念，盒马鲜生应运而生。盒马鲜生采取线上加门店的"零售＋餐饮"模式，开创了"实体店体验＋购物APP"——一站式全球生鲜购物的零售新业态。经过了四年的探索，盒马鲜生顺利进入生鲜电商行业的第一梯队，其独具特色的发展模式也成为了"新零售"行业的标杆。盒马鲜生利用自身的互联网平台优势，主打生鲜产品，采用线上线下相结合的运营模式，首先将客群定位为一、二线城市的中高端客户，并在不断发展中逐渐衍生出一系列现代服务业新产业链，同时将产品面向更多新消费群体，成为中国最具创新力企业之一。盒马鲜生利用大数据和电子信息技术，依托全程冷链配送外卖型物流体系，以此为优势和基础，实现产品直采，保障产品质量，打造线下各类业态模式，线上新型产品供销模式，形成阿里独具特色的产业链。

（3）东厝村乡村振兴的最终目标

益农信息社作为"流空间"1.0产物，着力点在于打通村庄"信息流"，但对于物流及人流相对薄弱；盒马鲜生作为"流空间"2.0产物，优劣势在"盒马村"有显著体现，即经济发展良好，村庄异化成单一产业功能地域的现象。但是两个平台都无法实现村庄由内而外的振兴（图7-5）。

图7-5 "流空间"逐步发展体系

如图7-6所示，针对东厝村的荔枝产-运-销过程对流空间主体进行重构，将传统"信息流"与"物流"路径升级为"荔枝信息平台"与"完整产业链"的协同运作模式。前者旨在帮助村民打破信息壁垒，对市场发展方向做出预测，提高信息的利用率；后者渗透进荔枝产销全体系，取缔中间商，打通冷链技术，实现产业链的利益最大化。在二者升级的基础上引进和培养人才，"人流"的空间属性变得更加多元化，保障了"荔枝信息平台"与"整条产业链"协同模式的正常运作。最后通过运营、分配制度的创立，多元角色的融合，保障协同运作模式能够落地实施，构建形成东厝村特色荔枝平台——"荔荔"在目。

第七章 乡村智慧农业平台

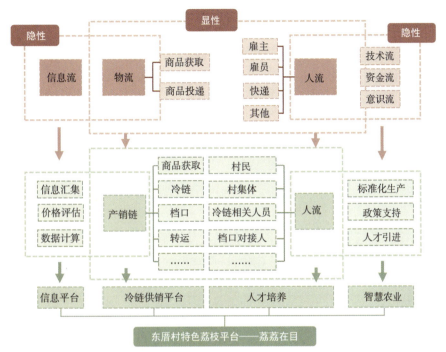

图 7-6 "流空间"理论下东厣村的振兴模式

平台继承"流空间"对农村经济的推动作用，同时还能引进并培养人才，使得农村人口出现回流，解决"流空间"带来的"反留守"问题，真正意义上带动村庄经济发展，实现了扶贫扶志，从而完成了乡村振兴的最终目标。

2）定位分析

（1）发展定位

依托上位政策的推动支持、东厣村扎实的荔枝农业基础和淳朴团结的东厣村民风，以"合'荔'共营，智汇融通"为总体定位目标，创建网络消费、冷链仓储、配送及物流为一体的新型东厣村荔枝网络营销模式，构建信息共享、三农服务、商务贸易等多功能为一体的东厣村特色荔枝平台（图 7-7）。

（2）市场定位

按照东厣村平台发展不同阶段，其主要目标市场可分为三类。在启动开发初期，以原有中间商所对接的荔枝市场为主体，以有少量荔枝需

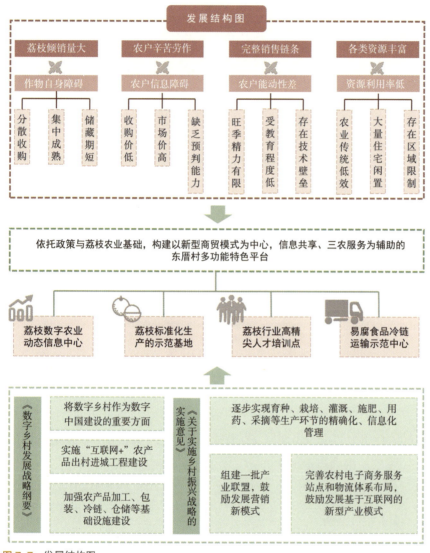

图 7-7 发展结构图

求的其他消费者为补充。在提升建设中期,接管原有中间商带来的荔枝市场,在此基础上,集中部分资源向外开拓新荔枝市场;承载物流市场的部分功能。在稳定发展后期:拓宽市场种类,对接除荔枝外其他水果种品种市场。

3)创建思路

利用东厝村现有的媒体资源,进行平台的整合,建立以东厝村民群为工作核心,"醉美东厝"公众号为销售核心,短视频平台为信息核心,

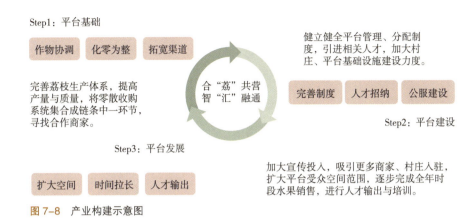

图 7-8 产业构建示意图

线下工作机及宣传栏板为宣传核心的多核心平台。具体建设内容分为以下三步（图 7-8）。

（1）第一阶段：启动开发期

首先，进行村庄作物的协调，其中主要包括有机农业的种植技术、智慧农业的设备的投入，选种的筛选培育、科学施肥等环节，建立健全标准统一、操作规范的无公害智慧荔枝种植体系，以提高、协调村庄荔枝的质量与产量。其次，将作物及信息化零为整，将独立的驻村小贩组织成集体，对荔枝进行集中收集与包装，把零散临时的收集场所整合成统一的包装物流基地，经由集体一致外销，利于村民思想的转换，以及基础信息的收集，同时提高农户种植收入。此外，拓宽销售渠道，通过点到点、点到线、点到面的方式，寻找潜在合作商家，例如农贸批发市场、社区团购平台、城镇生鲜超市以及冷链物流平台、冷链车租赁平台等，健全销售链条，以此平衡农户与收购商之间的地位差。

（2）第二阶段：提升建设期

首先，对平台制度进行进一步完善，主要在于价格预估，数据计算，平台管理，底层运营四大方向工作流程、工作制度以及收益分配制度的规范制定与合规管理，以达到科学管理，合法运营的目标。其次，加大专业人才的引进，同时有组织地进行内部人才的培训，其中包括大数据、物联网、云计算、程序开发、经济管理、智慧农业等方向人才。建立健全人才引进于培训体系，将人才合理分配于链条的各项环节，协同技术的使用，精准投入，高效输出，从而获取高额收入。最后，加强村庄、平台基础设施的建设，重点在于加强村庄建设用地与荔枝种植山地间的车行道路联系，以及荔枝冷藏设备的数量，例如大型冷藏库的建设以及冷链车的购置。除此之外，在能力范围内进行村庄风貌、文化的修缮与保护。

（3）第三阶段：稳定发展期

首先，扩大平台受众空间覆盖，加大宣传投入，将平台由东厝平台逐步发展到旧镇平台再到漳浦平台。建立健全合作参与标准，对于参与村庄情况及合作商家诚信度及社会口碑进行严格考察综合考量。其次，进行人才的输出与补充，其中，对外由东厝村向平台内其余村庄进行人才输出，促进平台村庄产量产质的提升，保证平台质量及口碑，对内进行人才类型的持续培训及高精尖人才的招纳。以及，扩大平台运作时间覆盖。荔枝生产—运输—销售链条健全后，逐步进行各类水果及其水果衍生物的生产，进而形成全年时段的水果产出，将平台效益上一个台阶。

4）发展目标

到 2022 年：荔枝产—运—销链条基本成型，入驻商家 50 家，平台荔枝年交易总量达到 100 万斤，增设岗位 100-150 个，建立包装物流基地一个。通过东厝村智慧荔枝平台的建设，完善荔枝产销链条。将农户从荔枝销售链条的被动方转变为主动方，平衡供 - 求地位，鼓舞农户种植士气。为平台的建设发展打下坚实基础。

至 2025 年：开阔荔枝销售市场，入驻商家大幅提升，人才招纳 50 名，培育人才 150 人，村庄招纳 5 个，增设岗位 300-500 个，建立东厝荔枝冷藏库 2-3 个，功能配套设施基本完善，平台年荔枝交易量达到 4 万 -500 万斤左右，农户收入大幅提升。对内严格把控各项规章制度的实施情况，对外形成一定平台知名度和市场占有率。

到 2027 年：入驻商家持续增长，开展对较远荔枝村庄的筛选，平台荔枝年交易总量达到 1-2 吨，打响平台知名度，完善全年作物销售的衔接，完成东厝村从农业到农业＋服务业的完美转型。

4 策划内容

1）荔枝智慧信息平台

首先构建数据库，汇总荔枝相关的各项数据，通过整合处理形成荔枝数据库。根据数据趋势预判系统：高校及社会专业人才设计算法展开大数据分析，对荔枝价格可能发生的变动及趋势进行预判（图7-9）。

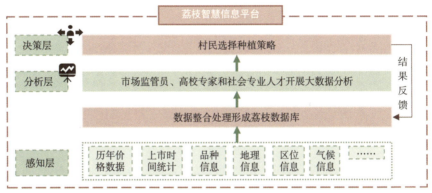

图7-9 荔枝智慧平台示意图

2）荔枝冷链供销平台

实现荔枝统一协调，荔枝收获后对荔枝进行集中收集与包装，统一运输及销售。同时建立冷链物流体系，建设大型冷库以及购置冷链车，对村庄建设用地及道路进行整合，形成东厝村冷链物流体系。另外拓宽销售渠道，供销平台寻找潜在合作伙伴，拓展销售渠道，降低储藏风险（图7-10）。

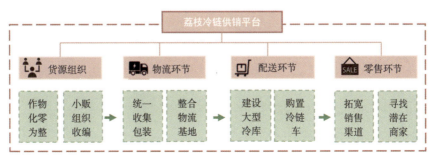

图7-10 荔枝冷链供销平台示意图

3）人才培养模式

首先，通过专业人才引进，吸引全方位引进生产、管理、分析等方面的高级人才，与他们展开合作，全面提升村庄的治理能力及产业水平。其次，构建人才培训体系构建，建立东厝培训中心，引进高级人才定期对村民及管理人员进行培训，进一步反哺平台发展（图 7-11）。

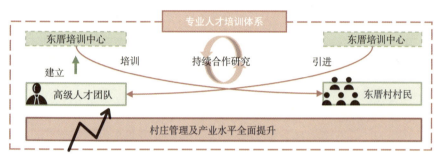

图 7-11 人才培养模式示意图

4）荔枝标准化生产模式

实现标准化荔枝生产，按产前、产中及产后三个环节，分解荔枝生产流程，对各部分工作进行模式标准化。同时将示范成果推广到其他乡镇，最终辐射到整个漳浦县，全面提升区域荔枝生产质量与效率，以提高漳浦荔枝的整体竞争力，进而反哺平台发展（图 7-12）。

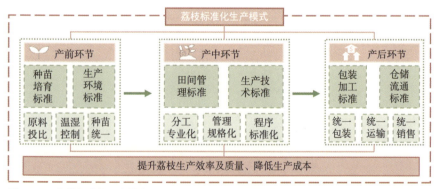

图 7-12 荔枝标准化生产模式

5 机制设计

1）运营机制

平台建设的导向以引导村民共同致富为基准，以提升村庄生产效率为基准，与此同时提升村庄基础设施建设，最终促进村庄的整体发展。一方面智慧平台提高村庄荔枝交易的效率，另一方面也需要相关的运营制度来协调利益分配。

利益协调随着平台的架构而逐步完善。在平台的初步建立阶段，平台能促进村民的交易水平，一边让先参与平台交易的村民先得利，同时扩大平台影响力。在发展阶段，平台保证一定发展冗余，这一部分资金将为之后的平台全面建设提供支持，另一部分将扩大平台的参与者的获利方式。在平台进一步发展之后，将运用股份反馈的机制，实现东盾村民的底层保障。整个平台的运营可以分为四个方面。

（1）价格评估

价格评估主要为村民提供价格信息帮助。首先，在专业的分析上，平台将联合其他的荔枝价格信息平台与高校人员，提供第一种价格信息的渠道。其次，雇佣全国部分档口的市场监管员，建立全国荔枝价格的地理信息平台，为平台售卖提供第二种价格信息的渠道。最后，平台将在不同的荔枝主产村设置检测点，为平台提供第三种价格数据来对前两种价格做出核实。

（2）数据计算

数据计算的目的是为荔枝的未来价格趋势提供一定预测，作为平台助农的核心。首先引进一部分外部人才作为平台的技术核心，初期运用ppp的模式来优化核心运营的机制，并且要求企业培养一部分本地的数据运营人才。保证预测的数据能够对村民的荔枝售卖提供直接的帮助。

（3）平台管理

平台管理将作为协调多方利益的主要抓手，为了保证效率需要政府发掘村民中具有企业家精神的人才，他们将作为平台发展的核心力量。

平台管理的人员由村民/专业管理人员/部分市场人员三方构成，分别贴合东厝平台/市场三方的利益。在外部上乡村规划师作为协调多方的机制核心，逐步推进整个平台的公平分配，之后推进整个村庄的空间规划，协调村庄发展。

（4）底层运营

底层运营将作为整个平台架构的中流砥柱，分为三大机制。首先，需要果物收购运输机制来保证平台的基本运营机制。其次，需要对底层的运营导向进行协调，保证上位的运作机制能够及时传达。最后，需要对上位的数据进行反馈，优化整体数据的计算准确性，逐渐提升平台核心竞争力。

2）分配机制

（1）成本—收益分析

目前东厝村村民采摘成熟荔枝后，基本全部卖给村庄小贩，小贩的收购平均价格为3元/公斤，从此节点开始，之后的荔枝收益与村民再无关系。从淘宝网、京东商城等平台中得到的荔枝市场平均价格为26元/公斤。由图2-28可知，荔枝从村民采摘后到客户个人，中间的成本可以分解为人工费及物流费用。目前漳浦县的人均可支配收入为1635元/月（2018年数据），顺丰冷运商户服务提供的含包装费在内的物流费用约为3.6元/公斤（按顺丰冷运价格推算）。

由上述资料进行成本——收益分析，东厝村每年的荔枝产量在500000公斤左右，原来的净收益为1500000元（3元/公斤×500000公斤），在新的智慧平台模式下的净收益为11183650元[26元/公斤×500000-3.6元/公斤×500000-1635元/人×10（装配人员按10人计算）]，那么可以得出新型智慧平台所能带来的净收益为9683650元，对于村民而言将是收入的巨大提升。

（2）新模式下的分配制度

智慧平台为村民带来巨大收益的同时，利益的分配是另一个重要议题。对于村民而言，产出荔枝的质量及数量是分配的主要依据；对于平台运营者及专业工作者而言，按照做出的贡献大小以及参考当地平均工资来进行付费。在扣除平台运营以及专业工作者薪酬以后，剩下的收益全部归村民所有，依据产量及质量按比例进行分配。

3）推广机制

以东厣荔枝作为试点，将农业智慧平台推广到全国和全农产品，形成政府、社会、市场和村民四个维度的推广途径。其中地方政府出台相关政策，鼓励引导商家和村民入驻平台。在社会层面利用公众号、客户端、短视频等多元宣传手段，扩大影响。在市场层面，为入驻的商家和村民提供福利，以利益驱动为导向推广平台。同时，村民作为潜在的信息源，与未入驻村民交流时口耳相传，扩大平台的影响力。

四 构建智慧农业平台

1 生产供应销售全链条追踪

1）生产层面

实现标准化生产，从选种到采摘全程监控，通过筛去对部分过时、集中成熟的品种，达到控制荔枝成熟时间、荔枝质量的第一步保障；果农在专家线上线下一对一的引导下定期进行田间管理，全程保障荔枝树健康茁壮生长；在荔枝开花、结果、果实成长期间悉心呵护花果，保证结出的果实大部分能满足荔枝综合评价标准，最终果实成熟期定期对果实进行检测，根据检测结果分装销售，最大程度保证荔枝质量，以期更高的经济效益。

2）供应层面

在货源组织上化零为整，对村内原有驻村小贩组织收编，打通东厣荔枝对外销售的信息壁垒，在物流仓储环节，利用村内原有广场、空地建设打包中心，提升扩建原有冷库，建设小型果蔬冷藏中心，后续根据荔枝的储存需求建设大型冷库，对村内现有资源整合改进，最终整合形成统一的包装物流基地，经由集体一致外销。

3）销售层面

为达到扩大销售量的目的，直接从荔枝需求量最大的销售商入手来拓宽销售渠道，通过点到点、点到线、点到面的方式，寻找潜在合作商家，例如农贸批发市场、社区团购平台、城镇生鲜超市以及冷链物流平台、冷链车租赁平台等，健全销售链条，以此平衡农户与收购商之间的地位差。

最终为了达到村民收益最大化的目的，以东厝荔枝为主要产业，形成东厝村农业现代化合作集体，通过精细化生产，集约化供应，跨越式销售，吞并整条产供销链条，取缔一系列中间商，消除产销差价，实现随产随销（图7-13）。

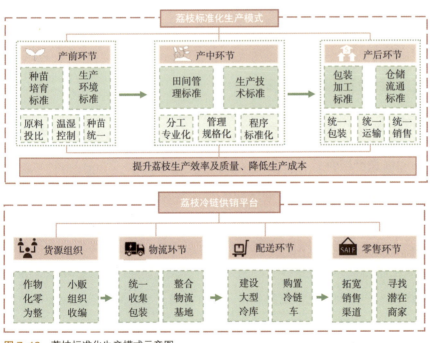

图7-13 荔枝标准化生产模式示意图

2　大数据收集及反馈效用

通过我们调研访谈发现，造成谷贱伤农局面的最主要因素在于果农和市场的信息差。这种信息差主要分为两类：第一类是果农不了解零售市场的荔枝销售价格，这类果农往往与村庄发展水平有着直接的关系，东厝村发展尚可，因此不存在此类的信息差；第二类是果农对于销售链

第七章 乡村智慧农业平台

条或是销售渠道的不了解,这一类型的信息差较为常见,也是我们想解决的主要矛盾。

大数据时代下,农业的数字投入正在逐步提升,为从根本上解决这样的信息差,加大普通农业村庄的数字化程度,我们提出了以下的发展思路:首先将东厝荔枝产业链条的数据分为五个部分,分别是选种、农害、上市时间、价格、需求量。其次是将各个部分的信息汇总、分析,并在链条的对应部分起到预判及指导作用,最后达到事半功倍的效果。

1)信息的收集

信息的收集主要为村民提供价格信息帮助。在专业的分析上,首先平台将联合其他的荔枝价格信息平台与高校人员,提供第一种价格信息的渠道。其次雇佣全国部分档口的市场监管员,建立全国荔枝价格的地理信息平台,为平台售卖提供第二种价格信息的渠道。最后平台将在不同的荔枝主产村设置检测点,为平台提供第三种价格数据来对前两种价格作出核实(图7-14)。

2)信息的处理

数据处理的目的是为荔枝的未来价格趋势提供一定预测,作为平台助农的核心。首先引进一部分外部人才作为平台的技术核心,初期运用ppp的模式来优化核心运营的机制,并且要求企业培养一部分本地的数据运营人才。并且保证预测的数据能够对村民的荔枝售卖提供直接的帮助(图7-14)。

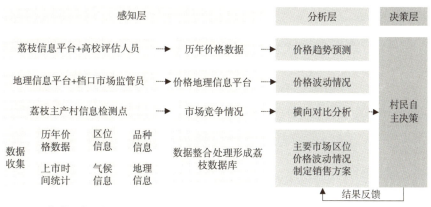

图7-14 智慧平台运行机制示意图

3）信息的使用

通过数据处理的结果，以及人才的判断，从选种到销售各环节给出建议及各项建议的预估收益，最终选择权交还给村民，根据自身承担风险的能力来选择种植的方案（图7-14）。

3 运行制度保证

就事论事，在商言商，如果缺乏合理的利益分配制度，会使利益缺乏关注的一方丧失积极性，而如果缺乏良好的运营和管理制度，则会使平台的运营效果大打折扣。

智慧农业平台建设的导向以引导村民共同致富为基准，以提升村庄生产效率为手段，与此同时提升村庄基础设施建设，最终促进村庄的整体发展。一方面智慧平台提高村庄荔枝交易的效率，另一方面也需要相关的运营制度来协调利益分配。因此强化顶层设计，建立完善合理的制度是保证平台良好运行的关键。

整个平台的运行系统可以分为以下三个方面。

1）平台管理

平台管理将作为协调多方利益的主要抓手，平台管理的人员由村民、专业管理人员、部分市场人员三方构成，分别贴合东厝、平台、市场三方的利益，由乡村规划师负责协调各方利益（图7-15）。

从村民中发掘具有企业家精神的人才，他们将作为平台发展的核心

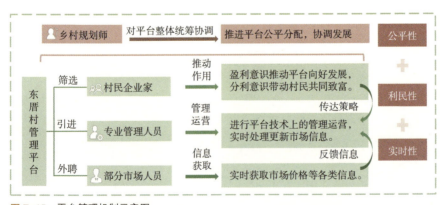

图7-15 平台管理机制示意图

力量，他们的盈利意识对平台起到推动作用；向社会上引进专业的管理人员，他们负责进行平台技术上的管理运营，实时更新市场信息；同时外聘部分市场人员，实时获取市场价格变动等信息（图7-15）。

在外部上乡村规划师作为协调多方的机制核心，逐步推进整个平台的公平分配，之后推进整个村庄的空间规划，协调村庄发展。政府为平台提供政策支持，规划师对政策的制定提出指导意见；市场为平台提供所需的信息，规划师协调数据获取的方式与渠道；东厝村村民为平台提供优秀的企业家，而规划师负责监督利益分配的合理性。

2）底层运营

底层运营机制是整个平台架构的中流砥柱。其运行过程为：平台信息模块收集市场销售结果，通过统计分析市场情况为村民种植提供参考，村民由此选择种植的产量和品类；在农产品成熟以后，由平台销售模块统一收集、运输并销售给需求侧，销售结果再次反馈上传给平台信息模块，优化整体数据的计算准确性，逐渐提升平台核心竞争力。中央管理平台对信息和销售模块进行传导与协调，保证整体运作机制的良好运行（图7-16）。

3）分配制度

智慧平台为村民带来巨大收益的同时，利益的分配是另一个重要议题。对于村民而言，产出荔枝的质量及数量是分配的主要依据；对于平

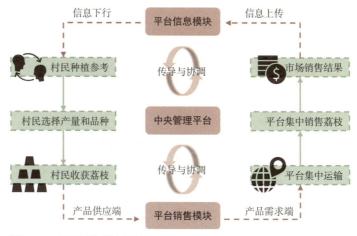

图 7-16 底层运营机制示意图

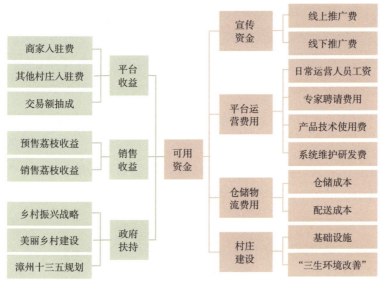

图 7-17　分配制度示意图

台运营者及专业工作者而言，按照做出的贡献大小以及参考当地平均工资来进行付费。即分配制度（图 7-17），在扣除平台运营以及专业工作者薪酬以后，剩下的收益全部归村民所有，依据产量及质量按比例进行分配。

智慧农业平台在东厝村全面铺开，形成了一定的物质基础与经验积累，平台应当逐步拓展到周边村庄以形成荔枝品牌。根据笔者调研所得的资料，东厝村周边村庄的主要经济作物与东厝村十分相似，因此难免产生同质化竞争，导致荔枝的价格由于集中成熟期的巨大倾销量造成的严重供过于求而被严重压低。由此，将东厝村周边村庄纳入智慧农业平台，整合资源同时形成荔枝品牌的意义变得尤为重要。

在市场机制下，大量的供给方面对有限的需求侧只能通过不断压低售价来争取自身市场的扩大。为了获得更好的收益，荔枝同行们竞相付出更多努力，然而在市场不变的情况下，最终的结果是个体的"收益努力比"不断下降。为了解决这个问题，将东厝村及周边村庄的荔枝整合并形成品牌，把原有的仅面对周边县市的市场扩大为全国市场，以闽南优质荔枝之姿面向全国，对荔枝的品质形成统一标准，与全国各大荔枝形成差异性定位，得到稳定的全国市场，打破各村庄恶性竞争的死循环。随着平台逐渐发展，应当将优质的经验模式传递到全国，同时将产品线由荔枝扩大到全产品线，彻底打通全国农产品信息渠道。

五 结语

在供给侧，全国有大量和东厝村情况类似的村庄，都深陷农产品滞销、信息滞后以及同质化竞争的泥沼，让全国所有村庄加入到智慧农业平台中，可以更清晰地看到全国农产品生产的空间分布。在需求侧，通过对市场销量的分析整理，以分析出全国消费者偏好的空间分布。最终将供需两侧结合，需求侧对供给侧提出产量、品类和质量等要求，需求侧即时制定生产方案，极大降低短期内供过于求的现象；同时需求侧开发新产品、提升产品质量也能及时得到市场反馈，尽可能地避免创新的"临床"成本。最终在农业生产销售上彻底打破城乡二元壁垒，将农业带入智慧化的新时代。

图表说明：

本章图均来自作品名称：《合荔共营·智汇融通——福建漳州漳浦县东厝村村庄策划》，绘图：陈蔚馨、李建禹、廖倩琪、侯贺阳、杨晟一、沈洁。

第八章
乡村微景观提升

乡村是我国历史长河中永远都无法绕开的"根"，它承载了大部分人对家乡最美好亲切的记忆。但是近年来，随着我国经济社会发展和城镇化进程的加快，我国乡村出现人口"空心化"、劳动力流失等一系列的问题，随着党的十九大乡村振兴战略的提出，乡村景观建设成为备受关注的热点话题。乡村景观是兼具多重价值的复合景观系统，是历经漫长的岁月，在乡民们与土地的共同作用下逐步演变而成的，它具有多种特点，如真实、适应、惜地、素朴、节俭、日常、友善、生长、滋养、循环、韧性、可持续和地方性等等。[81] 乡村景观建设正在如火如荼地进行之中，然而却不时会出现"千村一面""百户一面"等缺乏村庄特色文化的一系列问题。设计介入乡村振兴的具体方式体现在改善农村人居环境，保护当地地域文化特色风貌，同时根据当地实际情况，将民俗特色文化融入其中，进而提升乡村人居环境质量，体现乡村独特的文化氛围，形成具有别样魅力的乡村景观人居环境。

近十年以来，我国大力推进生态文明建设，更加重视农村人居环境的提升，美丽乡村建设成为一种主流的趋势。而美丽乡村建设的重要组成部分之一是乡村微景观规划设计，微景观是以微型的造景元素为基础，以园林艺术及园林美学理论为依据，经过艺术构思、合理布局，运用模拟场景的方式，营造的自然精致而多趣、尺度小而完整的微缩园林景观。[82] 由于乡村微景观设计是近两年兴起的，国内针对其发展规划的研究也相对较少，所以将乡村微景观设计作为研究对象对于美丽乡村建设、促进乡村发展有着重要的现实意义。乡村微景观设计指的并不仅仅是乡村局部微小的环境改造，而是包括广义上的乡村综合环境的治理、废弃土地的再生利用、水环境的改善和修复、生态景观方面的保护和改良以及乡土文化与人文内涵的传承和延续等各方面。

文章以多个乡村微景观设计实践为例，在乡村振兴战略和农村人居环境整治提升的大背景下，研究如何利用乡村特色本土文化创作出具有闽南村庄乡土内涵、体现乡村人文之美及历史文脉的乡村微景观，对乡村微景观规划设计进行了系统的研究分析与调研实践，激发乡村人文景观空间的活力与创造力。

一 微景观视角下的乡村人居环境设计

1 乡土景观研究现状

目前国内对于乡土景观设计的研究，主要集中在利用当地植物和乡村闲置空地，利用山石水体等景观模拟出自然生态意境，且具有艺术审美价值的微缩景观，往往注重的是仿照园林中的设计手法来满足人们从不同视点进行观赏的需求，例如将苔藓与砂石组合造景、选择具有观赏及美学价值的乡土植物等等设计手法。但是在针对性地研究乡村微景观设计上的文献目前较少。近年来兴起了不少基于美丽乡村背景和乡村振兴战略下的思考和探索，例如邓启明等人在《微景观：农村人居环境整治之实践探索与启示》中提出过较为详细的微景观工程一般流程和"规划—合作—反馈"及"保护—创新—改善"并行的基本范式[83]。钟淏在《乡村振兴背景下鄂西南侗乡民居微景观优化设计探究》中以恩施市白岩村为例，遵循生态性、整体性、文化性、村民参与四个原则，相对应地提出了四种白岩村微景观优化设计策略：生态优先、整体构思、深入挖掘白岩村文化内涵、村民参与理念改造乡村的景观环境[82]。安显楼等人在《乡土景观营造研究——基于微景观视角》中阐述了他们在闽清县上莲乡新村进行的乡土微景观设计实践，提出了体现生态性、乡土性、安全性以及文化性等设计原则，同时也提出了他们的微景观营造策略：增设夯土墙、景观亭廊、种植当地的植物花卉等微景观元素，结合各类乡土景观元素，因地制宜地打造一个集园路，建筑，植物，水体，地形，山石、大水缸等景观元素为一体的微景观。[84]

2 乡村微景观优化设计的必要性

党的十九大提出实施乡村振兴战略，提出"产业兴旺、生态宜居、乡风文明、治理有效、生活富裕"的建设要求，其中生态宜居是实施乡村振兴战略的关键环节，其要点是对乡村环境的提升，是村民生产生活的重要基础和保障。实现生态宜居，应从生态环境的建设入手，以环境改善和提升带动其他领域的共同发展。而乡村环境的提升工程量巨大，如河流整治、道路硬化、污水处理等工作都需要大量人力和财力的投入，但部分乡村的建设脱离乡村尺度和文化特色，部分大广场、大公园的打造成为乡村振兴的反面案例。相比之下，乡村微景观改造融入乡村当地文化特色，小而精的微景观打造虽然不如大工程整治力度效果，但成效上更为精妙、富有文化特色，更具有乡村普适性，并且微景观以较小资金投入和人力投入达到节点的整治，并以点带面针灸式地激活乡村，是当前乡村建设较为有效、较为便捷的途径之一。从乡村振兴的角度来看，微景观建设对村容村貌的改善、对文明的传递，都使得其在乡村美育、文化传承、旅游提升等方面中起到了积极推动的作用，是实施美丽乡村建设中较为重要的切入点，对乡村振兴具有非常重要的意义。

乡村微景观创建的意义，一是为景观美学提供载体，二是提升乡村生态环境效益。其设计本质上是以微更新的手法，以最小的代价提升整个乡村风貌，同时创造属于乡村的公共空间和社会空间，提升村民的生活水平的同时，促进乡村和谐。微景观作为人居环境美化是改善乡村风貌的重要手段，旧建筑改造、环境提升以及新建筑设计中必要的组成部分，使得原本村落的美感和文化得到保留，也在新时代下创造了新的美学价值，在生态宜居的建设方面起到不可或缺的地位；其次，微景观的营造结合当地文化特色和人文特征，融入建筑文化、农耕文化、民俗文化等，在乡风文明的建设方面起到助推作用；更进一步，好的微景观也会形成旅游打卡点，提高乡村艺术气息，吸引大量游客形成经济流动，带动当地餐饮、特产、民宿等旅游产业的发展，为产业兴旺的建设提供一定的贡献。最后，微景观的营造过程调动了村民的创作热情和参与文化活动的积极性，在治理有效方面也具有一定的积极作用。因此，微景观的打造不仅在改善环境上、效果上具有较高的生态美学和文化价值，其营造过程和建设完成后对乡村的积极影响，也在一定程度上反映了微景观激活乡村的价值所在。

总的来说，生态宜居总体目标是建设美丽乡村、提升乡村环境，而微景观的改造是其中较为重要的措施，其在推进乡村建设上具有"小投入、大产出"的意义，在乡村振兴战略的推进上具有重要的位置。

二　乡村微景观设计原则

1　整体打造原则

　　乡村聚落的景观打造有别于城市景观，乡村景观是由一系列生态元素组成的整体，包含自然和人文两大系统的复杂体，因此需要将景观置于乡村整体来设计，考虑乡村整体生态与人文环境的配合，在景观主题、造型和布局上与整体环境协调，结合山体、水系的环境格局，考虑生态适应性。其次，在人文环境上，深入挖掘乡土文化的内涵，结合村庄历史文脉和传统民俗，创造微景观的精彩性与在地性。

　　另外，设计需考虑村庄宏观规划发展，通过微景观的打造更好地带动村庄整体发展，带动周边环境提升和场地活力。选点上适当结合乡村重要发展节点，以点连线激活节点，功能上也可与文旅、教育发展方向结合。同时，乡村微景观最大受益者和使用者为村民，设计上还需以村民意愿为主要导向，融入村民生活、生产的需求提高微景观的实用性也是较为重要的设计重点。

2　挖掘地域特色原则

　　乡村建设应避免照搬城市案例和成功案例，脱离乡村当地特色和实际情况的景观打造是有貌无魂的。乡村微景观的打造应加强对地域文化的挖掘，打造"一村一品"，充分了解当地地域特色，提炼并融入当地历史文化、传统建筑、民俗风情、产业、特色符号等，使得文化得以传承和延续，在材料和植物的选取上，可以多选取当地材料、乡土植物，与周边环境及乡村特色协调，使得整体氛围更契合乡土地域特色。

3　因地制宜原则

　　乡村微景观的打造一般场地较小，多为房前屋后庭院、路口空间、公共空间等，这些场地空间承载村民农贸、生活活动，设计时应考虑空间的场所记忆和场所活动对空间进行规划和疏导，不可直接将其作为空地开展设计工作，脱离生活脱离场地的微景观是不适宜乡村的，尊重场地文脉、减少对现状的破坏，将场地高差、周边建筑、植被树木作为场地的优势元素，因地制宜的营造景观空间。通过因地制宜地打造微景观一方面是对场地的尊重，改造空间适应村民生活、延续场地文脉，另一方面因地制宜的原则也会降低场地破坏、降低工程成本。

三 晋江市龙湖镇福林村微景观设计实践

与前几章为规划或建筑为主要研究方向不同，本章选取的案例以乡村景观为切入点。区别于前几章以学生参赛作品作为讨论案例，本章讨论的设计实践为本人和同事共同完成的实际项目且基本已经建成使用。作者和多位老师共同指导的设计并且由师生参与共同建造的作品《晓园》获得获晋江市微景观大赛一等奖；《印象福林·万家灯火》获得了2019年首届泉州市乡村文化旅游微景观工作营一等奖及晋江微景观营造比赛一等奖（图8-1）。设计和施工建造的过程中得到了乡镇及村里领导的大力支持。

作品名称：《晓园》
指导教师：叶茂乐、陈锦椿、韩洁、李苏豫、王量量
参与组员：吴灿锋、周家正、曹梦瑶、朱恒弘、林瑞康等

作品名称：《印象福林·万家灯火》
指导教师：叶茂乐、陈锦椿、王量量
参与组员：周家正、吴灿锋、张哲等

第八章 乡村微景观提升

图 8-1 指导老师叶茂乐带领学生们参加晓园的建设（左），镇村领导现场指导（右）

1 项目背景

龙湖镇福林村是中国传统村落、中国历史文化名村，村庄蕴藏着丰富的历史信息和文化景观，这些文化景观不仅是村庄重要的历史文化遗产，而且承载着村民的集体记忆。但目前村庄发展较为缓慢，在生态宜居的建设目标上，存在许多环境难题，例如乡村整体环境较为杂乱，历史建筑缺乏整理和疏通，村内多处传统建筑年久失修、倒塌损坏，多处空地杂草丛生，这些都成为影响福林村宜居发展的重要问题。

那么，如何整治乡村环境空间、利用好村庄的闲置空间和废弃用地、房前屋后，如何将传统历史文化融入乡村环境打造中，以较小的投入激活乡村是目前福林村面临的挑战。结合晋江市微景观政策，设计团队入驻福林村，通过微景观的改造改善村庄人居环境、激活建筑节点、打造乡村旅游线路，推进福林村生态宜居建设。

2 整体规划

设计团队从整体入手，以村庄宏观的自然环境、中观的传统街巷分布、微观的人居环境，结合村庄旅游发展和村民意愿，设计构筑"一轴两片区"的古村旅游发展格局，围绕着古村旅游发展轴展开"端园—渡槽文化片区""古街—番仔楼群文化片区"两个主题片区的规划（图 8-2）。

在整体的规划中，微景观的选点跟随古村旅游发展结构，结合旅游

图 8-2 "一轴两片区"古村旅游发展格局(左)和规划节点梳理(右)

线路的规划和村庄现场实际情况,通过对游线内容进行梳理,选取村口空间、重要建筑周边、倒塌建筑、街巷路口和民居房前屋后等地块进行景观设计,塑造古村街巷空间,串联古村中的"端园""福林渡槽""养兰山馆""春晖楼""书投楼"等重要节点(图8-2)。利用微景观的打造整治村庄较为杂乱、荒废的空间,提升古村文化旅游线路体验,同时也提升村民人居环境,提升生活空间体验。

3 微景观节点设计实践

1)打造入口空间,提升村落形象——福林渡槽设计

乡村入口空间是乡村的第一印象,即村庄的"脸面"。结合福林村旅游发展的整体规划,设计团队选取福林村东入口空间进行景观营造,希望结合微景观的打造方式,为村庄改善入村形象,提升人们来到福林村的第一印象。

场地位于福林村东面入村村道T字形的交叉口,西侧紧邻农业遗产福林渡槽,东侧为重要村道,呈长条状。场地原状为村民私自搭建的铁皮房,2018年因房屋安全和风貌控制拆除场地内铁皮房(图8-3),将福林渡槽的面貌呈现出来,给场地还原出一定的文化气息。

该场地作为入村第一印象空间,是连接村庄内部和外部环境的枢纽,作为福林村的景观起始点,承载福林村第一印象文化识别的使命。同时,场地紧邻福林村历史农业遗产福林渡槽,为场地赋予了较为独特的环境空间。因此在景观设计过程中不仅要注重标识的形态设计,结合村庄传

第八章 乡村微景观提升

图 8-3 原渡槽场地铁皮房（左）和福林渡槽场地（右）

统文化、传统建筑底蕴进行整体的设计，场地设计中也需考虑其与福林渡槽的融合与协调，还需满足与村口空间观赏游览的功能。

次设计实践，主要从以下两方面进行设计：地域性村口标志、场所融合性空间设计。营造入口形象：在入口标志性物的设计上，主要提取了福林村几种特色闽南传统建筑坡屋顶的元素，通过对福林村闽南传统大厝、闽南番仔楼的形态抽象提取，进行纵深方向的线性排列，通过高低错落的形式来打造村口景观标识，展示福林村传统村落的深厚文化底蕴，同时不同的高低尺度，给人不同的视觉效果，也给人不一样的层次体验（图8-4）。

场所融入：场地设计中，空间位于农业遗产"福林渡槽"之下，考虑到渡槽线性空间特征，在景观层次的设计上，通过一些线性景观小品和内部装饰来达到线性延展的效果，如引入长石笼座椅、木质长条座椅、

图 8-4 村标效果图（左）和建成图（右）

图 8-5　条石铺地（左）和木制长椅（右）

石笼花池和条石铺地等景观元素来呼应福林渡槽的线性特征。在材质方面，结合福林渡槽材质条石的材料运用方式，在微景观设计中利用条石作为主要材料（图8-5）。

满足多样性功能：乡村入口空间不仅是作为供人观赏的标志节点，也需要满足不同的人群使用的需求。一方面，该入口空间主要打造为游客观赏和休憩的功能，利用福林渡槽的景观性和文化性，设置钢架楼梯通往渡槽桥面，并结合渡槽功能用房改造为历史展馆，用以展示福林渡槽的历史文化；另一方面，场地空间同时作为相邻住宅的入口空间，设计团队结合人文性原则来进行微景观设计，保留周边原有民居的通道，对于这些进出空间重新设计，尝试为村民打造入户花园。

2）利用废弃地块，激活消极空间——归乡园

闽南乡村空心化严重，存在许多传统建筑年久失修、破败不堪，甚至建筑内部大部分倒塌仅剩外圈墙体，这些被废弃的空间或杂草丛生，或堆积垃圾，严重影响村落的形象和人居环境，这类消极空间亟需整治和改善。设计团队选取这类遗址空间进行微景观打造，通过对历史文化内涵的挖掘，将场所记忆和残缺美交融，打造微景观重新激活遗址的空间魅力。

此场地位于福林村最具特色的番仔楼"端园"东侧，场地原貌为一栋倒塌的闽南大厝，大部分内部房间墙体和木结构梁架均已倒塌，所剩的只有外墙和内部部分条石门框，场地内杂草丛生、环境较为混乱（图8-6）。

图 8-6 场地残破的条石门框（左）和场地原貌（右）

有别于其他房前屋后、公共空间地块的微景观，场地内为闽南传统大厝的"遗址"，传统建筑虽然已经倒塌，传统功能也不复存在，但设计时应考虑遗址所承载的历史和文化，通过微景观的改造设计，为其植入新的功用和美学景观，为遗址赋予新的生命力。

该场地所遗留传统建筑外墙与条石门框给场地限定了部分空间，但也给场地赋予了一定的秩序，因此在本次微更新中首先梳理了场地的空间格局，通过空间引导和串联的方式，让人在游览中找寻归乡的仪式感。设计构思借助场地现有的空间围合关系，通过空间寓意的方式，形成村口—村道—庭院—入户—怀思—静憩—探寻的归乡七步走空间语境（图 8-7），同时将场地中的门框比拟为"孤独的守望者"，如同竖立在归乡路上，触动着离乡人的心弦。将场地不仅改造为村民休闲活动空间，又具有一定观览路径的体验性空间（图 8-7）。

图 8-7 空间语境规划（左）和条石门框意向图（右）

图 8-8　阶梯庭院空间（左）和场所记忆（右）

设计过程结合场地内原遗存的花岗岩门框、燕尾脊、石头亭、数木等场地要素，重新划分分区，将下落围合空间和两棵树木，设计改造为曲线休闲阶梯庭院空间（图 8-8），上厅空间则结合其稍高的地势和对称的秩序感，改造作为具有仪式感的怀念空间（图 8-8），榉头、天井部分则改造为休憩和景观水池的空间。整体设计上综合考虑原场地要素，融合闽南大厝的地域特色造型作为场所背景，体现较有情景感的场所内涵，也体现场所记忆的空间文化（图 8-9）。

图 8-9　场地改造后整体效果

第八章 乡村微景观提升

3）使用地方材料、尊重地方传统——印象福林

场地现状为"下大群厝"中的"油车房",历史上具有商业贸易的功能,但时至今日房屋倒塌损毁严重,无法辨别建筑格局和原本功能所在,所剩遗迹已仅为外部残损山墙(图8-10),山墙围合形成西北侧开放、东南侧较为封闭的空间。

此次设计以福林村山墙为媒介,以窄巷为空间意向,通过提炼福林村代表性建筑的山墙,将其浓缩在微景观之中,形成"看过山墙,走过窄巷,灯火依然,家的方向"的空间路径和设计思路,并提炼形成"印象福林,万家灯火"的设计主题(图8-11)。

设计上团队提取了福林古村的代表性建筑山墙和窄巷元素融入其中,营造游子心中"家"的印象。改造利用地方材料红砖、条石、花砖等材质,与原遗址墙体和村庄其他传统建筑相呼应,并搭建多个高低错落的山墙营造窄巷的空间(图8-11、图8-12),使得微景观空间内变得

图8-10 场所遗址原貌(左)和场地残损山墙(右)

图8-11 改造后整体效果(左)和高低错落的山墙(右)

图 8-12 窄巷空间

更有趣味性，通过这样的微景观改建不但赋予原本废弃老屋新的使用价值，也让整体空间多了一份文化归属感。

4）认知历史价值、塑造精神空间——耕读园

中国传统乡村中存在许多信仰空间和文化教育空间，这些空间培育了人们对精神和文明，在现代社会，乡村这些空间却渐渐消退，甚至荒废，如何结合传统的教育历史和精神文化塑造，传承弘扬优秀教育传统文化，是乡村空间打造的一大重点。

因此设计团队选取传统私塾建筑"养兰山馆"东侧场地，场地标高略高于"养兰山馆"（图 8-13），略低于东侧村道，处于一个阶梯中层，现状为村民鸡舍鸭舍构筑物，遮挡住养兰山馆的东立面、影响旅游路径沿线的景观性（图 8-14）。传统私塾建筑修缮工程较为庞大，团队希望以周边微景观的文化传承营造，塑造精神文化空间，传承传统教育文明。

该场地毗邻福林村第二座私塾"养兰山馆"，传统建筑为闽南传统

图 8-13 场地周边要素（左）和养兰山馆原貌（右）

第八章 乡村微景观提升

图 8-14 场地现状分析

五间张二落大厝的形制,其东护厝建筑形式受到西洋文化的影响,呈二层具有西洋纹样的楼宇。因此本场地的设计中,考虑到传统私塾文化的延续,将空间主题定义为"耕读园",对私塾、教育的功能拓展,通过该空间的激活认知乡村传统教育历史和精神文明。

方案设计以油灯为设计媒介,以变化的油灯形态为场地意向,通过提炼古代和现代居住空间中油灯的形状和寓意,将其浓缩在微景观之中,形成"耕读祈福,微光成林"的设计主题(图 8-15)。学堂油灯夜读(养兰山馆),寺庙油灯祈福(三姓宫、福林寺),设计中以油灯之名,通过油灯形式提炼了场地的共性特征,提取福林村孝端桥阵列、排序、起伏、延伸等空间手法塑造非具象的场地符号使其能融入到福林村场地肌理中(图 8-15)。

设计中团队一直考虑是否尝试用红砖之外的其他材料。在设计中用红砖来做曲面边界,用窗花来做路灯灯罩,特别是灯罩的制作,通过施工完成效果来看,材质肌理完全融入到村庄的环境之中,空间造型的符

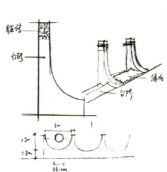

图 8-15 油灯意向与概念设计(左)和孝端桥栏杆特征(右)

图 8-16 建成效果（左）和墙体彩绘与场景营造（右）

号也在场地私塾文化和在地信仰的节点中提炼体现，以灯之形，塑造隐形的空间仪式感。设计改造结合场地边的大白墙，绘制古代教学场景彩绘，使得场地私塾教育文化的表现更具有氛围感（图 8-16）。

5）串联历史建筑、提升历史价值——福林厅堂

该设计场地位于春晖楼等番仔楼群所围合的公共空间中，兼具村内道路的交通空间。场地内原状较为杂乱，地面主要是以泥土和混凝土混合为主。绿化没有得到整合，主要是以建筑墙角的杂草丛为主（图 8-17）。场地内保留着村中居民主要的交通道路，属于人车混行的道路性质。另外还有一栋风貌较不协调的公共厕所，其立面色彩和材质目前与整体的古建筑风格较不相同（图 8-17）。

场地毗邻春晖楼、崇德楼、书投楼等闽南华侨建筑群中，但这些番仔楼独立成院，互不联系，且建筑群周边环境堆砌杂物、长满杂草，设

图 8-17 场地原状（左）和场地内原厕所（右）

第八章 乡村微景观提升

图 8-18 铺地引导路径（左）和场地道路融入场地（右）

计上若通过景观整治将历史建筑串联起来、讲述华侨故事和村庄历史，对于建筑楼群的重生和价值的提升具有较高的意义。因此设计上提出"福林厅堂"的设计想法，对场地内及周边历史建筑进行梳理，通过入口停车场打造、巷弄营造、厅堂塑造等节点，串联历史建筑，打造福林村观览路径，成为福林村的第一期旅游尝试。

设计上以该节点为建筑群重要的连接空间，以"福林厅堂"公共开放的功能，通过铺地导览沟通各个历史建筑（图 8-18），并结合花池布置木制座椅、公共卫生间的设置，给游客和居民一种会客厅的感受。

为充分尊重福林村居民的生活习惯，在设计中，我们特意保留了处于场地中央的人车混行的道路。为了解决不同入口的轴线变化问题，设计将原来的直线道路曲线化，使得道路能够自然的融入场地（图 8-18）。为了解决原有场地内地面材质混乱的问题，设计方案对场地内的地面材质进行了一系列的整合。首先是中央道路采用石块铺装，可以作为村中的人车混道路。部分地面采用红色砖石铺装，作为村民的活动休闲区域。其他部分的材质是以草坪和白色石条相结合的方式，白色石条沿道路曲线布置，长短不一较为自由。

另外，场地周边的历史建筑蕴含了较为丰富的，例如"春晖楼"内部保留着大量的题刻、对联等珍贵墨迹，"恒忍居安""存吾诚""善其行""孝友为瑞""慎为行基""恭为德首"等，设计上通过文字标识的方式，在花池和围墙上点缀呈现出来，教导后人不忘前辈的德行教诲（图 8-19）。

图 8-19　文字标识

四　结语

　　乡村微景观作为生态宜居中的重要手段，对于推进乡村人居环境整治、公共空间打造、基础设施建设有重要的意义。本章通过在晋江福林村的微景观改造，从游线整体规划到节点设计改造，以入口空间形象提升、激活消极空间、塑造精神空间、串联历史建筑等实践，改善福林村的整体环境、打造村庄旅游发展，以小见大探索微景观空间营造的手段对村庄活化、村庄振兴发展的积极作用，也为其他乡村的乡村振兴工作提供了参考。

图表说明：

图 8-2 来自《晋江市古街巷微改造设计项目》，绘图：叶茂乐、游玉峰。

图 8-4（左）、图 8-5 来自《福林渡槽微景观》，绘图：李柄源、向彦霖、黄文灿。

图 8-7 来自《晓园》，绘图：吴灿锋、周家正、曹梦瑶、朱恒弘、林瑞康。

图 8-14、图 8-15 来自《福林村耕读园微景观》，绘图：张哲、朱恒弘、许一杰、伊力奇。

其余图均由作者自摄。

第九章
乡村数字博物馆

随着互联网技术和新技术的快速发展，我们已经踏入数字化时代，新技术的进步不断影响人们日常生活乃至建筑规划设计。2017年中共中央办公厅、国务院办公厅印发《关于实施中华优秀传统文化传承发展工程的意见》（中办发〔2017〕5号）提出加强保护传统村落传承文化遗产工作，并推进数字保存和传播，随后住房和城乡建设部印发《关于做好中国传统村落数字博物馆优秀村落建馆工作的通知》（建办村函〔2017〕137号），开启并推动中国传统村落数字博物馆的建设工作，是继"数字故宫"、"数字圆明园"[85, 86]、"数字敦煌"等数字博物馆[87, 88]之后又一典型数字遗产。所以，在乡村振兴的大背景下，以智慧城市为启发，伴随着住建部"传统村落数字化"建档政策的推动和城乡一体化进程的推进，乡村数字博物馆建设必是下一步建设重点。本章内容以数字化的角度，对程阳八寨乡村数字博物馆的构建提出建设性方案，利用多学科的研究方法和新技术分析研究村落的保护与发展，对加强优秀地域性文化的保护和发展有着重要意义。

一 数字技术下的乡村保护发展

1 传统村落数字化保护的新途径

乡村是人类农耕文明生产生活的主要场所，是传统文化的重要组成部分。但随着社会快速发展，在城市快速扩张、城镇化和新的生活方式冲击下，村落正在快速地消亡和减少，传统文化受到粗暴的摧残，保护和发展村落的工作十分必要与紧迫。[89]

自20世纪以来，在乡村复兴的大潮流下，国内外学者对乡村保护与发展都作出了许多实践探讨，并对此总结出不少营建模式，针对传统村落的营建策略大致可分为保护传承和活化提升两类，在传统村落保护传承方面，主要可分为传统遗产保护[90, 91]和非遗文化的传承[92]，在活化提升设计方面，主要有基于景观设计的生态构建[93, 94]，基于公共空间或民居的空间营建。[95-97]总体而言，乡村实践的研究成果涉及社会学、经济学、人文地理学、旅游学、生态学、建筑学等众多领域的多方参与，以建筑学主导多学科互为补充下的探索，乡建模式大同小异各具特色，而在当前信息化的网络社会时代下，研究更趋于多维研究，信息学、管理学学科的研究方法可以为乡村营建策略研究作重要补充。再者，现状乡村营建的研究均为传统的实践归纳总结、田野调查、理论研究等这类质的研究方法，将传统村落量化并进行大数据分析等研究方法就较为少见了。

近年来国家投入大量资金进行专项保护和发展，各级政府、建筑师等学者、资本开发商也都开展了不同层次的乡村实践，村落面临发展机遇的同时，保护和发展的矛盾性将愈发凸显。在互联网时代、科技时代下，信息技术的飞速发展推进了乡村数字博物馆的建设。[87]那么，结合现代信息时代的乡村数字化建设，以大数据的方式利用村落数据、推广宣传乡村，利用数字博物馆技术推进乡村遗产的保护和乡村旅游的发展，探索出一条新的发展模式。[98]

2　古村落、古建筑数字化保护技术

1）数字技术运用

信息技术带动了文化遗产和传统村落的保护发展，数字化保护成为当下古村落和古建筑保护和发展研究的新趋势。从数字化关键技术研究上来看，主要可分为：（1）以图像图形、空间数据采集和处理为核心的信息留存技术；（2）以模拟仿真、智能交互的信息展示技术；（3）以大数据存储、整理与系统管理的智慧平台建设技术三个方面[99]。信息留存技术方面的研究主要集中于三维激光扫描技术和倾斜摄影技术、遥感技术等，从大规模、大数据、多源数据和多视角的数字化采集方法[100-102]，对建筑和村落本身的保存与记录，以及配准、去噪和平滑等点云数据处理技术及其他数字化修复技术对建筑空间数据的修复[99]；其次是基于数字化信息采集的数据开展数据理解与分析研究，结合图像分割、点云识别等人工智能技术对传统村落要素的特征进行提取、分析和分类、归档，优化遗产档案结构和构成[103]。在信息展示技术方面，国内外的研究主要以传统村落信息虚拟呈现为主，包括可视化技术与虚拟现实交互技术，可视化技术有借助摄影录像、三维建模等呈现村落物质空间现状的方式，也有利用图像修复技术、三维复原技术等恢复历史村落面貌的模拟技术；虚拟现实方面一般由多种技术相互结合，如三维场景搭建、全景技术、全息技术、多媒体展示等沉浸式技术实现建筑高细节的实时交互[104-106]。在智慧平台建设方面，国内外的建设大多以网络技术推动文化传播为导向，构建感知、数据、决策、执行、评估和反馈闭环为抓手，实现管理、保护为目标，主要由云平台技术、数据管理技术两类关键技术构成，云平台技术主要是结合大数据技术、云计算技术将海量的文物相关数据进行关联、计算、融合，并利用互联网技术对传统村落进行传播和推广。数据管理技术多通过 BIM 信息模型[107]、GIS 地理信息系统[108]、MySQL 数据库管理[109]等工具来实现数据库构建、管理、检索、共享等关键技术实现传统村落的监测和管理[110]。

2）数字博物馆概念及应用

自 20 世纪末开始，计算机网络等信息技术的发展给博物馆带来新的发展机遇，美国欧盟日本等国家以及联合国教科文组织等，运用互联网技术将数字博物馆建设提上日程，且从单纯的博物馆数字化转化为数字博物馆全面的体系建设。国内的数字博物馆虽然起步较晚，不过在近十几年的迅速发展下，也出现了不少的示范案例[111]。胡锤等人认为数字博物馆的研究主要集中在理论、技术和内容等方面，对于博物馆构架方面缺失补充[112]，陈刚认为通过"真实"的历史场景的再现、互动参与及体验，将是数字博物馆发展理念的重要方向之一[113]，提出基于数字博物馆、物联网和云计算的智慧博物馆发展模式，强调"人"与"物"之间的信息互动[114]，金瑞国等人勾勒出数字博物馆建设的基本框架应至少包含数字典藏、信息知识管理、虚拟展示三部分内容[115]。

国内数字博物馆的内容大多为普通实体博物馆的数字化，例如，北京故宫博物院[116]、台湾省"国立"故宫博物院[117]、西湖数字博物馆[118]等著名实体博物馆或景区，在乡村或社区方面，浙江大学杨玉辉提出构建"后坞村社区数字博物馆"，为农村文化遗产保护呈现和传承提供借鉴[119]，相对于实体博物馆来说乡村数字博物馆的研究较为缺失。但随着政策方面的推动,2017年初两办印发《关于实施中华优秀传统文化传承发展工程的意见》中要去开展建设中国传统村落数字博物馆,让公众了解传统文化、传统村落,推动传统村落的保护和发展[120],单彦名等人认为数字博物馆建馆是传统村落保护建设过程中非常必要的基础性工作,应该寻找到村落文化脉络,注重各专业人士的参与及动态推进,加强地域的覆盖等方法充分描绘传统村落的美好,发扬中华优秀传统文化。综上所述,对于数字博物馆的研究,前人从系统框架、技术等方面的研究成果较多,在实体博物馆数字化建馆的研究较多,对于乡村的数字博物馆研究相对较少,且随着乡村振兴和文化复兴的政策推动,乡村数字博物馆的研究将逐年增多。

综合来说,目前对于传统村落的数字化保护应用多停留在信息存档与场景虚拟搭建的应用上,其数据在村落智慧挖掘及其保护层面具有较大的研究空白,目前成熟的数字化信息采集与存档技术为遗产的数字化保护提供较为充分的数据基础,如何将遗产信息进一步理解和应用,对信息档案的深度挖掘、文化推广方面研究尚有不足,如何利用数字博物馆集成技术,以乡村保护、发展利用等角度进行实践探讨将具有独特性。

二 广西柳州程阳八寨数字博物馆建馆实践

区别于前几章,程阳八寨数字博物馆的实践并非指导的学生参赛作品,而是作者的研究课题,该课题由本人的研究团队和广西华蓝集团协作完成。该研究作为《传统村落数字化关键技术研发与应用》的重要组成部分获得了由广西勘察设计协会颁发的科学技术一等奖。

1 程阳八寨概述

1）乡村概述

程阳八寨位于广西壮族自治区柳州市三江侗族自治县,村域范围内有八个自然村屯,是侗族千户大寨,包括马鞍、平寨、岩寨、平坦、董寨、程阳大寨、平埔、吉昌等八个自然村寨，俗称"程阳八寨"，各分管于三个行政村委会，居住着近一万名侗族人民。程阳八寨有丰富的自然景观，加之受中央集权影响小，保留着较为完整的民俗文化和自然景观。2007年底，程阳八寨被选入了首批"中国景观"村落。程阳八寨寨中保留有一座全国重点文物单位——程阳风雨桥，是侗乡历史最悠久、规模最大、造型最美观的一座风雨桥，除此之外村寨还完好地保存着侗族的鼓楼、戏台、吊脚楼等木结构建筑，服装饰品、歌舞文化、生活习俗等古老传统，并且在与现代生活的交融中继续发扬光大，在旅游业的带动下发展为令人流连忘返的旅游新村，民俗节日、"百家宴"等传统活动受到中外游客的青睐。

2）现状问题

村落保护形势严峻——程阳八寨中的平岩村是第二批国家传统村落，由此可见程阳八寨中有数量甚多值得保护的建筑遗产，同时村落风貌别具一格。但随着自住居民的增加、旅游业的快速发展、居民生活方式逐步现代化，程阳八寨面临的诸如历史遗存破损、风貌破坏、火患威胁、环境恶化以及基础设施缺乏等问题也愈加严重。在单体建筑保护方面，部分民居吊脚楼在建筑保护方面不到位，一些有价值的古民居建筑不能得到及时的修缮和保护，古宅被空置、被破坏的现象随处可见，这对马鞍寨民族建筑的保护来说，是其所面临的最严峻的问题。

传统文化濒临丢失——由于广西社会经济发展相对东部沿海地区较落后，村寨经济乏力，三江侗族的寨子也比较偏远，基础设施薄弱，公共设施匮乏，多数村民外出打工导致村庄空心化严重，村庄的民族特色和文化缺少年轻人传承，渐渐丧失其具有独特底蕴的侗族文化，虽然部分民俗活动和技艺，由于商业旅游的发展得以保留，但过度商业化也导致其失去了侗族的特点。

发展不均衡——程阳八寨曾获得了"中国最美景观古村落"和"国家4A级景区"称号，但村庄的旅游产业发展欠佳。在整体发展中，除马鞍寨、岩寨、平寨之外，其他村寨旅游惠及较少，游客基本不会前往，带来的旅游经济和建设自然也就较少，因此部分村寨也出现了只有老人和小孩留守的衰败空村的迹象。在马鞍寨、岩寨、平寨这三个村寨中，旅游活动项目较少，其中多为针对旅游团体的收费项目，且在旅游团体达到一定数量后才开展活动项目，自助体验项目偏少，造成自驾游、亲子游等散客的体验不佳。

3）问题分析

村落保护急需数字记录——程阳八寨在数字化建档保护方面的研究较为空白，且近年平铺寨的火灾导致遗产毁灭，无法寻找到复原依据，使得传统村落保护工作更加重要且亟待开展。数字信息技术的兴起，大大突破了传统保护手段的局限性，为文化遗产的认知、保护、展现和传播提供了更为丰富的技术选择，为破解遗产保护的诸多难题找到了突破口。利用数字技术对文化遗产进行保护，不仅是为了使历史遗迹"昔日重现"，更重要的是用新理念、新技术和新形式，使其形成新的价值，以全新的模式迎接新的机遇与发展。

旅游资源信息的不对称——乡村旅游已成为广西经济社会发展的一个亮点，但是交通条件差、财政支持力度弱、人才匮乏等问题依然是制约乡村旅游发展的瓶颈。对程阳八寨景区来说，虽然年旅游接待人数已超过10万人次，但与其他齐名的广西"全国旅游名村"，如阳朔县兴坪镇、昭平县黄姚古镇等相比，游客依然要少得多，这与程阳八寨丰富的旅游资源是极不对称的。[121]另一方面，村寨内部的不平衡发展也是信息化建设较为匮乏的结果。

2　实践过程与方法

通过对上述问题的分析，在数字博物馆的技术优势支撑下，课题组对程阳八寨进行全面的数据采集，拟构建马鞍寨乡村数字博物馆，探讨数字技术对保护与发展的作用。过程和办法分为信息采集、系统构建、信息运用三个部分。

1）信息采集

程阳八寨数字博物馆的建设主要为全景拍摄、倾斜摄影和非遗影像记录三部分。

全景拍摄是由专业设备 Insta360 全景相机拍摄合成，配合无人机、相机和云台进行精细拍摄形成的完整工作流。

倾斜摄影则由飞行平台、工作人员和仪器三部分组成，其中飞行平台为无人机；工作人员为地面指挥人员；仪器包括传感器和姿态定位系统。传感器主要是多头相机（用于多角度拍摄）和 GPS 定位装置[122]，姿态定位系统主要记录相机在曝光瞬间时的姿态。在无人机实际飞行的过程中，各个相机会自动根据对应的曝光点坐标进行曝光拍摄。拍摄完成后对色彩、曝光、重合度、角度等数据进行检查，对不符合参数标准的测区重新补飞拍摄，直至符合标准。

非遗影像记录为录像机结合云台进行拍摄，通过地面拍摄采集和低空航拍记录，对马鞍寨"拦路迎宾""百家宴""侗族大歌""坐妹""木构营建"等民俗活动进行记录，全方位记录程阳八寨的非遗文化。

2）系统构建

程阳八寨数字博物馆系统采用虚拟现实技术和可视化技术组成。①平台仿真度高，通过定点虚拟 VR 全景展示，可实现大部分村镇人文历史的信息查询浏览等功能，满足决策者对美丽乡村规划功能的要求。②系统作为公共服务平台，可通过二次开发，开放接口，扩展到旅游、运营、管理等领域。③系统具有较为丰富的功能，如查看村寨观看点击量、点赞、说一说等类似于社交圈互动的交互性功能，基于强大的信息管理后台，可在系统中标记村寨重要建筑、历史遗迹等空间点，将建筑、人文、历史、民俗方面信息，以图文、视频、链接等信息可视化方式进行呈现；另外也可弹出村域和重点建筑的三维实景模型进行浏览，使浏览者可以更全面地了解乡村信息。

程阳八寨数字博物馆可分为 360° 全景、三维实景模型两种表现实体，通过虚拟现实技术将村庄信息可视化仿真呈现，利用全景展示平台和三维实景平台在线云端展播，实现信息推介和交互。

3）模块一：VR 全景展示

本次构建的程阳八寨数字乡村博物馆包含 26 个全景视点，其中包含 8 个村寨的全景点、9 个重点建筑低空全景以及 9 个室内全景

第九章 乡村数字博物馆

图 9-1 马鞍寨数字博物馆界面

（图 9-1）。每个航拍全景覆盖村寨地理人文信息、建筑信息、民俗非遗等内容，在重点建筑全景中包含建筑或村域的三维模型热点链接。

- 文化浏览推广

对于建筑或古村爱好者而言，在线 360° 全景图像（图 9-2）的浏览观看比起传统图像影像的观看更加全方位，且可根据观看者喜好，借助 VR 眼镜可从任意角度观看村落及部分建筑细节（图 9-3）。同时，结合图文介绍、视频、室内全景的浏览，使浏览者可全方位感受古村和古建筑的魅力所在，更好地传播传统建筑艺术文化（图 9-4）。

- 动态反馈机制

全景浏览支持的交互功能众多，通过鼠标事件、距离、键盘等触发调用相应的响应事件，可实现点赞、"说说"、分享等信息发布。村民或游客可随时提出对村庄保护和发展的建议，并且信息实时推送至后台管理，给规划单位、管理人员动态反馈报送问题和建议，有序推进乡村保护与发展的进程。

图 9-2　程阳八寨鸟瞰全景

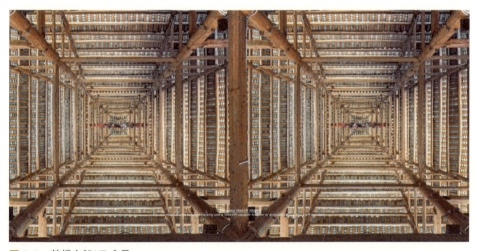

图 9-3　鼓楼内部 VR 全景

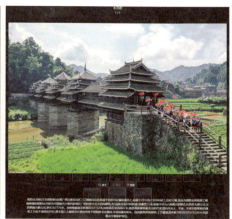

图 9-4　图文方式文化介绍

• **多方参与机制**

乡村的保护和发展应具有多元化的特性，需要多方协作参与到乡村振兴的进程中，以往的单方参与机制由于自身局限性不能较为有效推进乡村的全面保护，在数字博物馆平台中，课题组利用后台管理系统，组织村庄内部力量、学者、企业商会、政府部门等角色，共同探索村庄的保护与发展的新方式，并且基于全景模块可视化易操作的优势收集和传递各方信息，各方参与者也能通过平台信息共享，免去数据交互和传递不连续的问题，更有效的推进村落的保护和发展。

4）模块二：三维实景模型

• **实景三维浏览**

通过无人机倾斜摄影建立的程阳八寨的三维实景模型（图 9-5），发

图 9-5　马鞍寨三维实景模型

布至平台上实现在线放大缩小旋转观看等基本操作，同时在模型上显示重点建筑的基本信息，点击互动可浏览重点单体建筑的精细三维模型、基本图片文字介绍和相关非物质文化遗产的信息展现，让浏览者更能全方位观看到村寨的重要信息与方位，更全面深入了解村寨。

• 远程实景调研

对于专业的设计规划人员来说，通过在线交互操作进行平面尺寸、面积、体积的数据测量（图9-6），对地形地势感知、空间尺度测量、施工立方计算等都具有较高的功能支持，实现规划设计远程调研，提高设计方案对乡村场景的契合度。另外通过虚拟仿真，可实现规划和建筑设计方案在实景中呈现，预设出方案的实际效果，对方案进行预判或进行进一步修改优化，对建筑及村落遗产的保护和发展具有重要意义。

• 地理数据分析

数字博物馆中三维实景模型可进一步生成高清正射图和数字表面模型DSM（Digital Surface Model）（图9-7），包含了地表建筑物、桥梁和

图9-6　距离测量与面积测量

图9-7　程阳八寨正射影像和DSM图

第九章 乡村数字博物馆

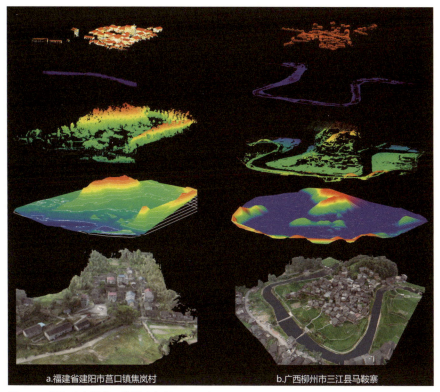

a.福建省建阳市莒口镇焦岚村　　b.广西柳州市三江县马鞍寨

图9-8　程阳八寨村落环境要素解析

树木等高度的地面高程模型。通过分析及图像智能分割处理，可以获得地表、水系、植被、建筑等实体空间信息（图9-8），设计规划以及管理人员等专业人士可基于此了解地面起伏情况和各个环境要素在村庄分布情况，便于对地形地势和整体区域的把控分析。

• 传统村落及建筑保护

实景模型的建立有利于村落实体建筑遗产的保存记录，对遗产修复和复原的设计起到一定的作用。通过实景模型和DSM数字表面模型的图像分割，对村落传统建筑模型提取和建档，结合村落建筑功能、类型、层数、质量、年代、风貌等方面的数据调研，可建立程阳八寨建筑数据库，同时基于数据库多源数据集成的基础，应用多因子分析方法对程阳八寨的建筑进行价值评定，为正确、精准的保护和整治提供依据。

三 基于数字博物馆的乡村保护与发展模式探究

在技术快速发展的时代，数字博物馆的系统方法取得一定的研究成果，课题组结合程阳八寨的数字博物馆搭建及应用实践，通过村寨人文历史、旅游经济、建筑建设、管理机制等多方面的介入，拓宽保护与发展的途径，而不仅仅局限于局部某一层面。同时，分析、对比和总结数字博物馆实现传统村落的创新保护途径，为优化传统村落保护、旅游开发等提供指导性意见。

1 保护与建设，促进形态与风貌保护

在传统村落的保护与建设方面上，数字博物馆技术的提升具体体现在以下三个方面。第一，遗产数字化保存。通过信息采集技术对传统村落及传统建筑进行数字化记录与保存，为村落及遗产的修缮和改造提供夯实的数据基础；第二，村落的保护规划，结合数字博物馆中物质空间和非物质文化的信息，综合分析和挖掘传统村落风貌格局、传统文化，以全局观对村落进行保护与规划，更全面地确定保护对象、划定保护范围、保持和延续村落传统格局、优化人居环境；第三，传统风貌控制，结合数字博物馆中三维实景模型，在村落的改造设计、优化到方案对比评价等方面进行提升，提升建筑改造或新建建筑在建筑布局以及建筑单体形式方面回应周边环境，提高传统村落风貌的控制。

2 宣传与推广，促进旅游品牌建设

程阳八寨数字博物馆结合全景浏览较易加载和方便操作的特性，通过图文、视频、音频、文字、三维模型等进行展示和浏览，创新的开展村落意见征集和旅游导览的模块。整合丰富的、种类多样的、专业性强的传统村落数据，全面的展示程阳八寨的实景与人文历史、自然风貌等特色旅游资源，依托数字博物馆提供的信息传播优势，借助微博、微信、网络社区等时下流行的媒介，推广程阳八寨的旅游信息。通过平台数据收集，目前数字博物馆已获得40万余次点击量，百余次点赞和说说评论，

对程阳八寨的评价度和喜爱度持续上涨，持续地为线下乡村旅游发展引流，给程阳八寨带来较高流量的旅游发展。

3 管理服务，创新乡村管理模式

数字博物馆技术整合程阳八寨村域信息，满足政府部门、旅游开发公司的基本管理要求，管理村寨区域建筑、道路、水域、山体等空间地理信息，管理人员账户可通过云端可在线查阅村域建筑的基本信息。通过开放端口可提交报批审核，评估新建建筑的协调性，便于管理人员控制村寨新建建筑风貌。另外管理人员可通过数字博物馆，统筹管理村寨发展基础建设情况，把握全域建筑或景点的开发程度。

四 结语

伴随着我国对传统村落保护与发展的高度重视，在数字化技术飞速发展的时代，本次广西程阳八寨传统村落数字博物馆建设实践，通过运用数据采集、加工、应用等技术，建构和运用数字博物馆系统体系，在村落风貌的保护与建设方面、多方参与的保护机制、品牌建设的推广、智能化的管理模式等方面，转变乡村振兴的建设路径，以数字化手段更好地推进村落的保护与发展，延伸和拓展村落发展，将乡村文化、资源合理利用最大化。结合我国传统村落数字博物馆平台的建设成效，以及本次程阳八寨数字博物馆实践，研究认为利用数字化平台的手段建构乡村发展机制，推进传统村落的保护和发展进程，是一种具有可持续性、较为有效的乡建模式，对于乡村多方面振兴发展具有重要意义。

图表说明：
本章图均为作者自绘或自摄。

第十章
结　论

本书一共选取了九个案例，从不同的角度阐述了"新乡村主义"的理论内涵。其中第一章总结了福建省厦门市青礁村院前发展的经验，为城市边缘濒临消失的乡村发展提出指导，根据三生和谐与社会关系理论提出了新乡村主义的基本导则：即保留乡村特有的传统存续的生活方式、保留永续农耕的生态系统、建立城乡多元的产业结构、建立紧密包容的社会网络。

第二章根据福建省泉州市晋江檀林古村的整村活化实践，阐述了"生态博物馆"理念如何应用的乡村振兴中，以五个重要节点的设计为例探讨了建筑活化、生态修复、改善村民生活等问题，指出乡村振兴应该结合乡村特质，整合自然生态、物质遗产、人文资源，关照社区发展与村民的生活，完善生态博物馆体系构建。

第三章以末代渔村福建省厦门市近郊的欧厝村为例，提出了乡村核心边界理念，即基于城乡发展规律和特质的新型城乡关系，从作业方式、文化认同、聚落形态三个层面分析探讨了城郊乡村如何在保留核心要素的同时，软化自身边界融入城市发展。

第四章以偏远山村福建省漳州市漳浦县钟腾村为例，探讨了如何引导与培育乡村发展内生力，形成自己的"共生圈"，如何找到产业、制度、人文、空间要素之间的共生链。本章以提升乡村内生力为目标，通过构建乡村"共生圈"，即"制度、产业、空间、人义"四层面之间的高质量共生关系，深度剖析乡村发展的内核，挖掘各层面的营造策略和设计手法。

第五章以广东省东莞市生态园连片乡村规划设计为例，探讨如何将内外力作用机制应用于乡村规划设计中，即通过提供外力，激发内力来破除空间、产业和人心的隔阂，即通过设计介入来改善空间及产业格局，激发片区内多元群体的交流与融合，从而形成高效和谐的新型村镇融合关系。

第六章以广东省江门鹤山市古劳水乡概念规划与设计为例，探讨如何将社会网络理论应用于乡村规划设计中，即通过加强地缘和业缘逐步改善社会网络关系，最终形成异质开放的社会关系网络。

第十章 结 论

　　第七章尝试以福建省漳州市漳浦县东厝村的农业产业提升策划为例,讨论了如何解决与东厝村情况类似的村庄的农业产业问题,基于流空间的理论框架,构建乡村的智慧农业平台,从平台搭建、人才培养、管理体制等多个层面论述了农业如何利用互联网技术,农业生产销售上如何打破城乡二元壁垒,将农业带入智慧化的新时代。

　　第八章以福建省泉州市晋江福林村为例,探讨了乡村微景观作为生态宜居中的重要手段,通过在晋江福林村的微景观改造,讲述了乡村的游线整体规划到节点设计改造,以入口空间形象提升、激活消极空间、塑造精神空间、串联历史建筑等实践,改善乡村的整体环境、打造村庄旅游发展具体手法。

　　第九章以广西壮族自治区柳州市程阳八寨实践为例,探讨了运用数据采集、加工、应用等技术,建构用数字博物馆系统体系,在村落风貌的保护与建设方面、多方参与的保护机制、品牌建设的推广、智能化的管理模式等方面内容,论述了通过数字化转变乡村振兴的建设路径,以数字化手段更好的推进村落的保护与发展,延伸和拓展村落发展,将乡村文化、资源合理利用最大化。

　　本书中提到的多个案例,都获得了广泛的认可,其中第二章檀林古村旧建筑活化利用方案、福林村的微景观改造已经被采用并且辅助实施且初见成效;东莞市生态园乡村连片规划、古劳水乡、东厝村的设计模式也有部分被设计单位所采用;院前社和欧厝村的设计虽没有被官方采用,但村领导即乡贤看到我们的竞赛作品后也主动邀请我们到村里讨论乡村发展,我们提出的规划模式也对乡村发展起到了启示作用;程阳八寨的乡村数字博物馆也已经正式上线并对当地的风貌保护和旅游发展起到了举足轻重的作用。由此可见,本书讨论大多数方法都有一定的实践意义,可以为广大的乡村工作者提供借鉴,也可成为城乡规划与建筑学专业的师生的参考资料。

　　本书中以"新乡村主义"为题目是希望通过几个案例的讨论,以乡村特有的生活方式、生态系统、生产模式及社会网络为基本研究框架讨论乡村振兴的过程中,如何应对城乡关系的转变、如何凝聚内部力量的同时构建外部合力、如何提升产业结构、如何优化社会关系、如何改善居住环境、如何发挥传统建筑的价值、如何利用互联网技术提升乡村旅游等多方面问题。本书提出的"新乡村主义"的理论框架还相对粗浅，由于可供分析的资料与笔者学识及时间的限制，其系统性有待提高，理论价值还需日后进一步扩展和深化。同时，本书涉及的案例多分布于福建、广东、广西等南方省份，有一定地域局限性，其适用性还需要广大乡村振兴的工作者进一步扩展和补充。

乡村振兴是一个相对复杂的系统工程，每个学科可以从自身的角度找到切入点。换句话说，乡村振兴是没有标准答案的，每个乡村都有其自身特点，具体问题需要具体分析。本书以城乡规划和建筑学专业的视角出发，通过案例讨论了"新乡村主义"的主要主旨，即以每个乡村独特的本质出发去指定乡村振兴的策略，保留其与城市或其他乡村的差异性。希望本书能为广大乡村工作者和在校师生有所帮助与借鉴。

参考文献

[1] 李小云. 乡村立场的新乡村主义 [J]. 中国乡村发现，2018，2：4.

[2] 王亚华，苏毅清. 乡村振兴——中国农村发展新战略 [J]. 中央社会主义学院学报，2021，2017-6：49-55.

[3] 周武忠. 新乡村主义论 [J]. 南京社会科学，2008，7：9.

[4] 邵秋晨. 新乡村主义视角下的村庄规划设计研究 [D]. 南京农业大学，2016.

[5] 桂丹，毛其智. 美国新城市主义思潮的发展及其对中国城市设计的借鉴 [J]. 世界建筑，2000，10：26-30.

[6] 王慧. 新城市主义的理念与实践、理想与现实 [J]. 国际城市规划，2002，3：35-8.

[7] 唐梅花. 成都城市蔓延机理与调控措施研究 [D]. 西南交通大学，2010.

[8] 吴缚龙. 中国的城市化与"新"城市主义 [J]. 城市规划，2006，000（008）：19-23，30.

[9] 冒亚龙. 人居环境——新城市主义的本质及启示 [J]. 土木建筑与环境工程，2006，28（6）：10.

[10] 奚汀. 国内"新城市主义"文献综述 [J]. 安徽农业科学，2018，18：7946-8.

[11] 沈关宝，李耀锋. 网络中的蜕变：失地农民的社会网络与市民化关系探析 [J]. 复旦学报：社会科学版，2010，2：9.

[12] 吕飞，武海娟. 城市边缘区乡村社区的社会网络重构研究——以厦门市院前社为例；proceedings of the 2017 中国城市规划年会，F，2017 [C].

[13] 张应祥. 社区、城市性、网络——城市社会人际关系研究 [J]. 广东社会科学，2006，5：6.

[14] 潘莹，黎国庆. 中国近期乡建发展概况与类型解析 [J]. 南方建筑，2018，06：15-22.

[15] 母冠桦，刘苏蓉. 也谈民宿——乡建热中的冷思考 [J]. 四川建筑，2016，36（06）：7-9.

[16] 许晓东. 乡建：如果方向错了，速度还有意义吗？——访北京绿十字创始人，中国乡村规划设计院联合创始人 孙君 [J]. 设计家，2015，01：28-33.

[17] 王景新，支晓娟. 中国乡村振兴及其地域空间重构——特色小镇与美丽乡村同建振兴乡村的案例、经验及未来 [J]. 南京农业大学学报（社会科学版），2018，18（02）：17-26+157-158.

[18] 王韬. 村民主体认知视角下乡村聚落营建的策略与方法研究 [D]. 浙江大学，

2014.

[19] 张京祥，姜克芳. 解析中国当前乡建热潮背后的资本逻辑 [J]. 现代城市研究，2016，10：2-8.

[20] 卢贵敏. 田园综合体试点：理念、模式与推进思路 [J]. 地方财政研究，2017，07：8-13.

[21] 王磊，孙君. 农民为主体的陪伴式系统乡建——中国乡建院乡村营造实践 [J]. 建筑师，2016，05：37-46.

[22] 王琼，季宏，陈进国. 乡村保护与活化的动力学研究——基于3个福建村落保护与活化模式的探讨 [J]. 建筑学报，2017，01：108-112.

[23] 彼特·戴威斯，张晋平. 评价生态博物馆现状和"成功"的标准；proceedings of the 2005年贵州生态博物馆国际论坛，中国贵州贵阳，F，2005 [C].

[24] 张金鲜，武海峰，王来力. 生态博物馆的特点、意义和角色——基于"中国模式"下的生态博物馆建设 [J]. 黑龙江民族丛刊，2010，02：175-7.

[25] 黄文灿. 基于数字博物馆的乡村营建创新方法研究 [D]. 厦门大学，2020.

[26] 吴晓松，王妙妙，曹小曙. 广州市城郊村庄发展特征、趋势与规划研究——以从化赤草村为例 [J]. 西部人居环境学刊，2015，30（2）：6.

[27] 刘彦随. 中国新时代城乡融合与乡村振兴 [J]. 地理学报，2018，73（4）：14.

[28] 赵海林. 统筹城乡发展必须转变城市偏向发展战略 [J]. 中国乡村发现，2010，02：26-29.

[29] 王小玉. "核心—边缘"理论的国内外研究述评 [J]. 湖北经济学院学报：人文社会科学版，2007，4（10）：2.

[30] FRIEDMANN J. Regional development policy：a case study of Venezuela [J]. urban studies，1966.

[31] 汪宇明. "核心—边缘"理论在区域旅游规划中的运用 [J]. 经济地理，2002，22（3）：4.

[32] 邓春凤，田银生. 近30年来我国城乡结合部乡村研究进展及启示 [J]. 华中建筑，2018，36（6）：4.

[33] JIM N. Cedric Price Works 1952-2003：A Forward-minded Retrospective [J]. Journal of the Society of Architectural Historians，2018，77（1）：102-105.

[34] 李意. 边缘治理：城市化进程中的城郊村社区治理——以浙江省T村社区为个案 [J]. 社会科学，2011，8：8.

[35] 尹超，朱怿然，姜劲松. 江苏省古村落保护与实施机制初探 [J]. 小城镇建设，2010，8：6.

[36] 刘彦随. 中国东部沿海地区乡村转型发展与新农村建设 [J]. 地理学报，2007，62（006）：563-570.

[37] 吴晓庆，张京祥，罗震东. 城市边缘区"非典型古村落"保护与复兴的困境及对策探讨——以南京市江宁区窦村古村为例 [J]. 现代城市研究，2015，5：8.

[38] 杨希. 日本乡村振兴中价值观层面的突破：以能登里山里海地区为例 [J]. 国际城市规划，2016，31（5）：6.

[39] 屈子园. 乡村振兴视域下新型职业农民的培育路径研究 [D]. 河北师范大学，2020.

[40] 尚小钰, 陈漾馨, 王量量. 内生力提升导向下的乡村"共生圈"模式构建——以福建省漳州市钟腾村为例 [J]. 小城镇建设, 2020, 38（5）: 8.

[41] 孔德永. 新时代农民获得感与乡村制度体系供给 [J]. 中共天津市委党校学报, 2020, 22（6）: 10.

[42] 叶兴庆. 振兴乡村, "制度性供给"为何重要 [J]. 半月谈, 2018, 1: 32-33.

[43] 刘晔. 治理结构现代化: 中国乡村发展的政治要求 [J]. 复旦学报（社会科学版）, 2001, 06: 56-61+79.

[44] 张小劲, 高立鹏. "中国乡村制度: 历史与现实"学术会议述要 [J]. 社会主义研究, 1999, 1: 3.

[45] 夏银平, 汪勇. 以农村基层党建引领乡村振兴: 内生逻辑与提升路径 [J]. 理论视野, 2021, 8: 6.

[46] 彭晓旭, 张慧慧. 产社一体: 内生型乡村产业振兴路径及其效应——基于马村鞋垫产业的考察 [J]. 农村经济, 2022, 5: 9.

[47] 曾薇. 战略衔接期乡村产业协同治理的驱力、结构与路径研究——以凤镇m村"国企联村"为例 [J]. 农林经济管理学报, 2022, 2095-6924: 1-16.

[48] 朱海英, 张琰飞. 乡村产业生态系统结构与协同运行机制研究——以凤凰县菖蒲塘村为例 [J]. 重庆文理学院学报（社会科学版）, 2022, 1673-8004: 1-14.

[49] 李红艳. 新媒体技术助力乡村治理 [J]. 人民论坛, 2021, 01: 69-71.

[50] 戈大专, 陆玉麒, 孙攀. 论乡村空间治理与乡村振兴战略 [J]. 地理学报, 2022, 04）: 777-794.

[51] 李雯君. 新时代乡村空间环境设计创新探索 [J]. 环境工程, 2022, 04: 266.

[52] 谭林, 陈岚. 乡村空间重构与土地利用转型耦合机制及路径分析 [J]. 自然资源学报, 2022, 07: 1829-1847.

[53] 郭远, 安罡毅. 乡村振兴战略下的乡村空间文化重构研究 [J]. 昆明理工大学学报（社会科学版）, 2022, 03: 146-151.

[54] 宋丽美, 徐峰, 袁正. 基于空间生产理论的城郊融合型乡村社区营建策略研究 [J]. 新建筑, 2022, 03: 122-7.

[55] 赵霞. 传统乡村文化的秩序危机与价值重建 [J]. 中国农村观察, 2011, 03: 80-86.

[56] 吴理财, 解胜利. 文化治理视角下的乡村文化振兴: 价值耦合与体系建构 [J]. 华中农业大学学报（社会科学版）, 2019, 01: 16-23+162-3.

[57] 张艳, 张勇. 乡村文化与乡村旅游开发 [J]. 经济地理, 2007, 03: 509-512.

[58] 赵华, 于静. 新常态下乡村旅游与文化创意产业融合发展研究 [J]. 经济问题, 2015, 04: 50-55.

[59] 周慧玲. 旅游共生的研究述评 [J]. 资源开发与市场, 2014, 09: 1134-1137.

[60] 陶慧, 张梦真, 刘家明. 共生与融合: 乡村遗产地"人—地—业"协同发展研究——以听松文化社区为例 [J]. 地理科学进展, 2022, 04: 582-594.

[61] 陈虹, 康兴斌, 陈钦华. 传统村落价值特色分析、评价及发展对策——以福建漳州平和钟腾村为例 [J]. 长江大学学报自然科学版: 医学（下旬）, 2015,

[62] 陈建云, 陈瑜, 张建群等. 平和县钟腾村乡土文化构成研探 [J]. 福建文博, 2015, 2: 4.

[63] 丁金华，周莉. 基于社会网络模型的旅游型乡村公共空间微更新研究——以苏州明月湾村为例[J]. 现代城市研究，2021，000（012）：48-55.

[64] 何正强. 社会网络视角下改造型社区公共空间有效性评价研究[D]. 华南理工大学，2014.

[65] 尼古拉斯·克里斯塔基斯，詹姆斯·富勒. 大连接：社会网络是如何形成的以及对人类现实行为的影响[M]. 北京：中国人民大学出版社，2013.

[66] 约翰·斯科特. 社会网络分析法[M]. 重庆：重庆大学出版社，2007.

[67] 覃志敏. 社会网络与移民生计的分化发展[D]. 华中师范大学，2014.

[68] 张丹，白洁. 基于社会网络分析的老旧社区公共空间优化研究[J]. 中外建筑，2022，02：63-69.

[69] 黄华，肖大威. 基于内生理论的我国乡村发展模式研究[J]. 小城镇建设，2021，39（3）：7.

[70] 唐坚. 乡村振兴需内外协同发力[J]. 人民论坛，2019，6：2.

[71] 尧珏，邵法焕，蒋和平. 都市农业新产业和新业态的发展模式研究——以青岛市为例[J]. 农业现代化研究，2020，41（1）：9.

[72] 张彤璞. 数字赋能解决农业发展困境的思路与举措——基于西安绿色农业发展现状调查[J]. 农业工程，2022，12（4）：5.

[73] 黄毅梅，王新然. 数字农业发展建议[J]. 云南农业，2022，6：2.

[74] 刘春红，张漫，张帆等. 基于无线传感器网络的智慧农业信息平台开发[J]. 中国农业大学学报，2011，

[75] 龚瑞昆，田野. 模糊控制在ZigBee物联网智慧农业大棚中的应用[J]. 现代电子技术，2020，43（8）：5.

[76] 曾晓华. 互联网+时代现代农业创新发展机制研究[J]. 农业经济，2020，5：2.

[77] 关丽丽，赵洪亮，徐萍等. 基于益农信息社的农业信息服务新模式探索与实践[J]. 黑龙江农业科学，2017，7：5.

[78] 王瑞峰. 涉农电商平台对我国农业经济发展的影响效应评估——以农村淘宝为例[J]. 中国流通经济，2020，34（11）：10.

[79] 张明月，郑军. 农产品电商发展效果评价的研究综述[J]. 当代经济，2022，39（03）：6.

[80] 陈宏伟，张京祥. 解读淘宝村：流空间驱动下的乡村发展转型[J]. 城市规划，2018，042（009）：93-101.

[81] 王向荣. 乡村景观——没有设计师的风景[J]. 中国园林，2022，38（06）：2-3.

[82] 钟溟. 乡村振兴背景下鄂西南侗乡民居微景观优化设计探究[J]. 黑龙江粮食，2021，12：74-75.

[83] 邓启明，傅楚玮. 微景观：农村人居环境整治之实践探索与启示[J]. 农业农村部管理干部学院学报，2021，04：26-32.

[84] 安显楼，陈健，陈新艳等. 乡土景观营造研究——基于微景观视角[J]. 中外建筑，2021，03：44-47.

[85] RE-RELIC编委会. 数字化视野下的圆明园[M]. 中西书局，2010.

[86] 郭黛姮，贺艳. 数字再现圆明园[M]. 上海：百家出版社，2012.

[87] 北京市科学技术协会信息中心. 数字博物馆研究与实践：2009[M]. 北京：中国

传媒大学出版社，2009.

[88] 北京数字科普协会. 数字博物馆发展新趋势 [M]. 北京：中国传媒大学出版社，2014.

[89] 冯骥才. 传统村落的困境与出路——兼谈传统村落是另一类文化遗产 [J]. 民间文化论坛，2013，01：7-12.

[90] 单彦名，田家兴，高朝暄. 基于"人本观念"的传统村落保护发展研究——以福建晋江塘东村为例 [J]. 南方建筑，2015，04：52-57.

[91] 罗德胤. 让乡村遗产回归百姓生活 [J]. 新建筑，2016，04：18-22.

[92] 季诚迁. 古村落非物质文化遗产保护研究 [D]. 中央民族大学，2011.

[93] 孙炜玮. 基于浙江地区的乡村景观营建的整体方法研究 [D]. 浙江大学，2014.

[94] 俞孔坚. 关于防止新农村建设可能带来的破坏、乡土文化景观保护和工业遗产保护的三个建议 [J]. 中国园林，2006，08：8-12.

[95] 王竹，王韬. 浙江乡村风貌与空间营建导则研究 [J]. 华中建筑，2014，32（09）：94-98.

[96] 严嘉伟. 基于乡土记忆的乡村公共空间营建策略研究与实践 [D]；浙江大学，2015.

[97] 张明珍，任卫中. 一个民间环保人士的建筑宣言——安吉生态民居模式分析 [J]. 建筑学报，2013，07：38-43.

[98] 刘沛林，李伯华. 传统村落数字化保护的缘起、误区及应对 [J]. 首都师范大学学报（社会科学版），2018，05：140-146.

[99] 耿国华，何雪磊，王美丽等. 文化遗产活化关键技术研究进展 [J]. 中国图象图形学报，2022，27（06）：1988-2007.

[100] 杭诗婵，闫昱良. 数字技术对建筑遗产保护的影响 [J]. 建筑技术开发，2021，48（10）：71-3.

[101] 吴葱，李珂，李舒静等. 从数字化到信息化：信息技术在建筑遗产领域的应用刍议 [J]. 中国文化遗产，2016，02：18-24.

[102] 王晓芬，苑鹏军，马兰等. 建筑遗产数字化高保真信息采集与处理关键问题研究——以五台山龙泉寺石牌楼为例 [J]. 石家庄铁道大学学报（社会科学版），2020，14（02）：105-110+37.

[103] 唐箐檐. 利用数字技术加强古村落保护 [J]. 中国信息界，2021，02：80-82.

[104] 朱俐锟，铁钟. 基于虚拟现实技术的近现代建筑文化遗产保护研究 [J]. 戏剧之家，2020，12：218.

[105] 章立. 虚拟现实技术在建筑遗产保护中的应用研究 [D]. 江南大学，2009.

[106] 程春艳. AR 技术在中国建筑遗产展示中的应用研究 [D]. 天津大学，2019.

[107] 张文静. HBIM 在里分建筑保护中的应用研究 [D]. 华中科技大学，2018.

[108] 康勇卫，梁志华. 我国 GIS 研究进展述评（2011-2015 年）——兼谈 GIS 在城乡建筑遗产保护领域的应用 [J]. 测绘与空间地理信息，2016，39（10）：24-27+32.

[109] 闫聪. 基于地理位置的丝绸之路文化遗产信息系统的设计与实现 [D]. 西北大学，2015.

[110] 李万宁，庄典，徐质文等. 基于 BIM 的建筑运行阶段性能监测数据与建筑本体

模型的集成方法研究 [J]. 建筑技艺，2022，28（01）：102-105.

[111] 郑霞. 数字博物馆研究 /Research on Digital Museum [M]. 杭州：浙江大学出版社，2016.

[112] 胡锤，张小李. 数字博物馆研究综述；proceedings of the 2009 年北京数字博物馆研讨会，中国北京，F，2010 [C].

[113] 陈刚. 数字博物馆概念、特征及其发展模式探析 [J]. 中国博物馆，2007，03：88-93.

[114] 陈刚. 智慧博物馆——数字博物馆发展新趋势 [J]. 中国博物馆，2013，04：2-9.

[115] 金瑞国. 论数字博物馆建设的十大要素；proceedings of the 2009 年北京数字博物馆研讨会，中国北京，F，2010 [C].

[116] 单霁翔. 数字世界中的故宫博物院——在 2013 年北京数字博物馆研讨会上的发言；proceedings of the 融合·创新·发展——数字博物馆推动文化强国建设——2013 年北京数字博物馆研讨会，中国北京，F，2013 [C].

[117] 张春. 新媒介环境下的博物馆文创研究 [D]；兰州大学，2016.

[118] 阙仁镇，杨玉辉，张剑平. 基于数字博物馆的历史文化探究教学——以西湖文化数字博物馆为例 [J]. 现代远程教育研究，2013，05）：34-42.

[119] 杨玉辉，陈默，姜友斌. 文化传承视野下农村社区数字博物馆设计与构建 [J]. 软件导刊（教育技术），2017，16（05）：79-83.

[120] 耿艳妍，徐辉. 中国传统村落数字博物馆的开发建设 [J]. 城市规划通讯，2018，10：15-16.

[121] 施林劼. 浅谈广西程阳八寨景区发展智慧旅游的必要性 [J]. 中国高新区，2018，000（009）：268.

[122] 刘洋. 无人机倾斜摄影测量影像处理与三维建模的研究 [D]. 东华理工大学，2016.

致谢

本书是作者 2014-2022 年 8 年间从事乡村振兴工作的教学与科研总结，在这个过程中首先要感谢作者的工作单位，厦门大学建筑与土木工程学院。厦门大学和学院对国家乡村振兴战略高度重视，从高校人才培养、科学研究，以及服务社会等多层次加大支持力度，在近几年的教学改革、科研立项、社会实践等方面给予了大力的支持。

其次要感谢支持与参与乡村振兴教学团队的所有老师，包括王慧、王绍森、张建霖、黄宇霞、韩洁、李苏豫、叶茂乐、张若曦、郁珊珊、常玮、镇列评、陈锦椿等几位老师。各位老师在与作者在共同指导学生的过程中贡献了非常宝贵的思考。其中特别要感谢已故的厦门大学规划系王慧教授，她是我研究乡村问题的科研领路人，在她的教导和引领下，我将主要精力用于乡村振兴的研究。同样，也是她鼓励我将教学、科研与学生竞赛相结合，并将成果积累出版，时隔 8 年笔者终于完成她的夙愿。另外也要特别感谢厦门大学建筑系韩洁副教授，她既是我生活的伴侣，也是一起战斗在乡村教学研究一线的战友，她以敏锐的科研洞察力挖掘乡村的诸多科研问题，"新乡村主义"也是作者与王慧教授、韩洁老师在调研厦门院前社的时候共同制定的研究方向。

同时要感谢厦门大学建筑与土木工程学院的学生叶紫薇、刘璐、武海娟、张云逸、黄文灿、高雅丽、衷毅、杨冰、柯伟宏、任强、肖颖禾、杨彬如、潘文筠、易俊飞、张坤、张钰、兰菁、陈慧琳、林晓云、陈梦真、蔡柠、陈江畅、李艺琳、田彤、杨月恒、尚小钰、陈潆馨、沈洁、尤天宇、汪瑜娇、杨舒阳、金治廷、梅婕、李建禹、廖倩琪、侯贺阳、杨晟一等同学，以及嘉庚学院的吴灿锋、周家正、曹梦瑶、朱恒弘、林瑞康、周家正、吴灿锋、张哲等多位对乡村有深厚的情怀、努力探索和奉献的同学。本书中的诸多选题及设计思考均源自与同学们一起讨论、总结而得的研究性设计课题，师生们在调研、讨论、绘图的过程中集思广益，凝练本书所列举的多个案例，教学相长，亦师亦友，也结下了深厚的友谊。

最后要感谢厦门大学建筑与土木工程学院参与本书整理校对工作的研究生同学们，包括刘雅茹、陈驰、操颖、黄浩、丁婕、吴珊珊、苏辉龙、倪荣清等多位同学，他们为本书的出版付出了大量的工作。

借此书与广大乡村振兴工作者共勉！

2022 年 8 月于厦门大学